진화심리학에서의 인간 본성

진화심리학에서의 인간 본성

발　행 | 2019년 5월 2일
저　자 | 정재훈
펴낸이 | 한건희
펴낸곳 | 주식회사 부크크
출판사등록 | 2014.07.15.(제2014-16호)
주　소 | 경기도 부천시 원미구 춘의동 202 춘의테크노파크2단지 202동 1306호
전　화 | 1670-8316
이메일 | info@bookk.co.kr

ISBN | 979-11-272-7185-5

www.bookk.co.kr
© 정재훈 2019

진화심리학에서의

인간 본성

정재훈 지음

차례

■ 나는 왜 이 책을 써야만 했는가?

진화심리학은 진화론을 통해서 인간의 본성을 탐구하는 학문으로, 그 영향력은 나날이 확산되고 있다. 게다가 진화심리학이 전제하고 있는 다윈의 생물진화론이 오늘날 인간을 포함한 생물의 기원에 대한 유일한 과학적 기원론으로 인식되어 있기에 진화심리학에서의 인간 본성에 대한 탐구 결과 또한 과학적 사실인 것으로 받아들여지고 있고, 이미 21세기에 가장 각광받는 학문으로 자리를 잡았다는 평가를 받고 있다.

인간은 본성을 가지고 있다. 선천적인 본성, 본능에 의한 행동들은 기본적인 생활을 가능하게 하고, 위험에서 피하게도 하며, 특정한 문제를 적절하고 빠르게 해결할 수 있도록 도와준다. 생물진화론에 기반 한 진화심리학에서는 인간의 모든 본능들은 한때 생존에 유리하여 유전되어 온 적응 행동으로 간주한다. 문제는 폭력, 동성애, 외도, 강간, 영아살해 등의 행동들도 문제행동이 아니라 인간의 진화된 본성에 의한 정상적인 행동으로 해석을 한다는 것이다. 만약 인간의 본성이 진화심리학자들의 주장처럼 진화된 것이라면, 우리는 이러한 행동들을 처벌할 수 있는가? 진화심리학으로 본 인간의 목적은, 생물진화론에서의 인간의 존재 목적과 동일하게 유전자의 생존과 번식이다. 이런 관점 때문에 진화심리학은 인류가 가진 가치들을 단순히 유전자의 생존과 번식의 문제로 환원하여 훼손하는 악영향을 끼치고 있다.

오늘날 다윈의 진화론은 인간을 포함한 생물의 기원에 대한 법칙처럼 인식되어 있다. 그러나 다윈의 진화론은 생물의 기원에 대한 법칙이 아니라 자연주의를 전제한 하나의 생물 기원론에 불과하고, 진화론을 전제로 한 진화심리학 역시 인간 본성에 대한 하나의 탐구 방법에 불과하다.

진화심리학자들은 인간의 본성을 규명하는 일에만 그치지 않고 자신들의 관점을 다양한 분야로 확대하여 무신론적 세계관을 형성하고자 한다. 진화심리학이 무신론을 지지하는 과학적 도구로 사용되고 있다는 것이다.

나는 이 연구를 통해서 진화심리학이 전제하고 있는 진화론의 위험성과 진화심리학이 사회에 미치고 있는 악영향을 알리고 진화심리학의 무분별한 확산에 제동을 걸고자 한다.

■들어가며■

　인간의 본성이란 무엇이며, 인간은 어떻게 본성을 가지게 된 것일까? 고대로부터 인간의 본성에 대한 많은 연구가 있어왔고, 다양한 학자들이 나름의 관점에 따라 인간의 본성을 탐구해 왔다. 최근 인간의 본성에 대한 연구 도구로 진화심리학(evolutionary psychology)이 주목을 받고 있다(오용, 2000).

　진화심리학은 진화론을 통해서 인간의 본성을 탐구하는 학문으로(Wright, 2003), 21세기에 가장 각광받는 학문으로 자리를 잡았다는 평가를 받았다(Buss, 2005).

　찰스 다윈(Charles Darwin)의 진화론에 기반을 둔 진화심리학은 인간의 본성을 진화된 생물학적 현상으로 보고, 진화된 본성을 통해서 인간의 행동을 이해하고 예측한다. 진화심리학으로 본 인간의 본성은, 생존에 유리하게 작용하여 유전된 본능들이다(류지환, 2010).

　인간은 왜 다양한 맛 중에 유독 단맛을 가장 좋아하게 되었을까? 잡지 한 켠에 실려 있을법한 이 사례는 진화심리학의 대표적인 탐구 사례 중 하나이다(조현진, 2015). 진화심리학에서는 본능의 기원을 탐구하기 위해 인류의 선조들이 살았다는 환경을 그려보게 한다. 진화심리학자의 해석에 따르면 인류의 선조들이 살았던 당시에는 먹을 것이 풍족하지 못했기에 다양한 음식들 중, 기왕이면 열량이 높은 단맛이 나는 음식을 선호했던 선조들이 그렇지 않았던 선조들에 비해 생존에 유리했고, 단맛을 선호하는 본능이 종 내로 확산되면서 오늘날 인간의 보편적인 본능,

본성이 되었다는 것이다(조현진, 2015). 단맛을 선호하는 본능의 기원을 진화의 관점으로 해석한 것이다.

진화심리학에서는 단맛의 선호와 같은 비교적 논쟁거리가 적은, 가벼운 문제만을 다루지 않는다. 동성애, 일부다처제와 같은 논쟁거리가 되기 다분한 비교적 무거운 문제와 심지어 영아살해, 강간 등의 문제도 진화론의 관점으로 다루고 있다. 문제는, 이런 행동들이 인류의 진화 과정에서 한 때 생존에 유리하게 작용하였기 때문에 유전된 적응행동으로 다루어지고 있다는 것이다(류지환, 2010).

특정 행동에 대한 진화론으로의 해석은 어떤 사안에서는 우리 사회의 일반적이고 전통적인 해석과 완전히 배치되기도 한다. 그러나 오늘날 대중들에게 진화론이 생물의 기원에 대한 과학적 기원론으로 인식되어 있기 때문에, 인간 행동에 대한 진화심리학에서의 해석 또한 과학적 해석으로 받아들여지고 있다는 사실이다. 만약 인간의 본성에 대한 진화심리학에서의 해석이 바른 해석이라면 우리는 동성애, 일부다처제, 영아살해, 강간 등을 금지시킬 수 있을까?

19세기 중반에 등장한 다윈의 생물진화론은 20세기에 들어 유전학을 도입하면서 인간을 포함한 생물의 존재 목적을 개체나 집단의 생존과 번식에서 유전자의 생존과 번식으로 확대하여 설득력을 얻게 되었다. 반면 진화론에서의 유전학의 도입은 인류의 존재 가치를 유전자의 생존과 번식을 위한 도구로 전락시키는 결과를 낳았다. 유전자 환원주의자들에게 가정은 유전자의 전달을 위한 효과적인 전략에 불과하다. 유전자로의 환원이 바른 해석이라면 우리는 선조들로부터 물려받은 전통적인 가치들을 전달받은 의미 그대로 다음 세대에게 전달할 수 있을까?

진화론은 19세기에는 사회진화론, 20세기에는 사회생물학이라는 이름으로 영국을 중심으로 개인주의와 자유주의 세계관을 전파했다. 그들이 원한 것은 아니었지만(박창호, 2003), 진화론에 기반 한 사회학 이론들은 정치적 개인주의와 경제적 자유방임주의, 민족주의, 제국주의, 우생학, 인종차별주의를 정당화하는 도구로 사용되었다(김병곤, 1996).

진화심리학에서의 인간의 행동에 대한 해석은 타당한가? 진화심리학이 다윈의 생물진화론을 기반하고 있기 때문에 생물진화론에 대한 연구로 진화심리학의 타당성을 검증할 수 있다. 그렇다면 진화심리학이 기반을 둔 생물진화론은 인간을 포함한 생물의 기원에 대한 타당한 이론인가?

오늘날 다윈의 생물진화론은 생물의 기원에 대한 하나의 이론임에도 불구하고 사실화 되어 있고, 진화심리학에 대한 연구는 대부분 긍정적으로 고찰되어 있다. 그러나 생물진화론은 생물의 기원에 대한 하나의 이론에 불과하다. 연구자는 이 연구에서 다윈의 진화론이 생물의 기원에 대한 '법칙'이 아니라 생물의 기원에 대한 자연주의를 전제한 하나의 이론임을 밝히고자 한다. 그리고 진화론에 기반을 둔 진화심리학에서의 인간 본성에 대한 해석이 사회에 미치는 악영향을 중심으로 진화심리학을 비판적으로 고찰함으로 진화심리학의 무분별한 확산에 제동을 걸고자 한다.

1

진화심리학의
탄생 배경

진화심리학은 생물진화론을 유행시킨 영국의 박물학자 찰스 다윈(Charles Darwin)으로부터 시작된 것으로 본다(김동광 외, 2011). 다윈이 진화심리학이라는 용어를 직접 사용하진 않았지만, 그의 대표작, 『종의 기원(1859)』의 마지막 부분에서 "심리학은 새로운 기반 위에 설 것이다."라며 당시에는 생물학 이론이었던 진화론이 생물학을 넘어 심리학에 새로운 관점을 제공할 것이라고 예견한 바 있다(김동광 외, 2011).

그러나 19세기 유럽 사회에서 다윈의 생물진화론은 생물학 이론으로는 빠르게 받아들여졌지만(Marcy, 2009), 심리학 이론으로는 받아들여지지 않았다. 다윈의 생물진화론을 열렬히 지지했던 지인들조차도 생물진화론을 동식물을 넘어 인간의 기원이나 심리학에 적용하는 것은 거부했었다(김동광 외, 2011).

다윈의 예견은 『종의 기원(1859)』이 출간된 지 100여 년이 지난 1975년, 에드워드 윌슨(Edward Wilson)이 사회생물학(Sociobiology)이라는 이름으로 사회현상을 생물진화론으로 분석하면서 실현될 수 있었다. 그런데 사회생물학은, 윌슨이 의도하지는 않았지만 일부 정치인들에 의해 특정 이데올로기를 정당화하는 도구로 사용되었고, 그 때문에 대중들로부터 거부되었다. 사회생물학에 대한 거부는 진화심리학이 탄생할 수 있는 배경으로 작용했다(Singer, 2012). 사회생물학에 대한 비난으로부터 벗어나고자했던 진화사회학자들에 의해 진화심리학이 탄생하게 된 것이다.

진화심리학이 이런 과정을 겪고 탄생하였기 때문에 다윈의 생물진화론과, 스펜서의 사회진화론, 윌슨의 사회생물학을 살펴보면 진화심리학을 더 잘 이해할 수 있다.

1. 생물진화론

생물진화론(evolution theory)은 생물이 진화된 것으로 보는 생물의 기원에 대한 이론, 생물 기원론이다. 대표적인 생물진화론자는 다윈이다.

그렇다면 생물 진화론은 언제부터 시작된 것일까? 생물진화론이 다윈으로부터 시작된 것으로 알고 있는 사람들이 많으나, 생물이 진화된 것이라는 생각은 다윈이 태어나기 전부터 있었고, 다윈이 『종의 기원(1859)』을 출간하기 전에도 이미 유럽 전역에 널리 알려져 있었다(이정희, 2017).

오늘날, 일반적으로 알려져 있는 생물진화론과 비슷한 방식의 현대적 진화론을 처음으로 주장한 학자는, 다윈보다 앞선 시대를 살았던, 18세기 프랑스의 생물학자 장 바티스트 라마르크(Jean Baptiste Lamarck)였다. 라마르크는 후천적으로 획득한 형질이 다음세대로 유전되는 방식으로 생물은 진화한다고 주장하였다.

라마르크는 사용하는 기관은 발달하고 사용하지 않는 기관은 퇴화하는 방식으로 새로운 형질이 나타나고, 획득된 형질은 유전된다고 했는데, 이를 '용불용설'이라고 한다(하전아규, 2009). 오늘날 라마르크의 생물진화론은 다윈의 영향력 때문에 가려져 있지만, 19세기에서 20세기 초반의 사회학에서는 오히려 다윈의 생물진화론보다 라마르크의 생물진화론이 더 큰 영향을 끼쳤었다. 라마르크 이후, 많은 학자들이 생물의 진화를 주장했었는데, 다윈의 할아버지 이래즈머스 다윈(Erasmus Darwin)도 진화론자였다(Wright, 2003).

진화론이 다윈에 의해서 시작된 것은 아니었지만, 다윈의 위대함은, 사변적인 이론에 머물러 있던 진화론을 다양한 표본을 통해 경험적으로 객관화하여 검증 가능한 과학적 이론으로 확립시킨 점이다(신연재, 1998).

그렇다면 진화란 무엇일까? 흔히들 진화를 '생물이 변하는 현상'으로 오해하고 있지만(추정완, 2012), 진화는 생물이 변화하는 현상만을 가리키는 것이 아니다. 다윈이 정의한 진화는 '변화를 수반한 유래(descend with modification)'를 말한다(Peter, 2009). 즉, '변화를 통해서 새로운 생물 종(species)이 생겨나는 것'이 진화이다. 다윈의 생물진화론에 따르면 사람을 포함한 오늘날의 다양한 동식물들은 단 하나의 생물 종으로부터 '변화(변이)'를 통해서 생겨난 것이다.

다윈은 생물의 기원 문제를 생물의 변화로 설명했다. 다윈의 생물 기원론은 생물이 신에 의해서 각각 종류대로 창조되었고, 창조된 생물은 절대 변하지 않는다던 당시 영국사회의 지배적인 생물 기원론과는 완전히 배치되는 생물 기원론이었다. 그렇다면 다윈은 생물이 어떤 방식으로 진화한다고 했을까? 다윈의 생물진화론을 통해 생물이 진화하는 과정을 아래와 같이 정리해 볼 수 있다.

① 생물은 변한다.
② 생물의 변화(변이)는 유전된다.
③ 변화(변이)된 생물은 종 내에서 한정된 자원을 두고 생존경쟁을 한다.

④ 경쟁에 유리하게 작용할 변화(변이)를 가진 생물은 그렇지 않은 생물에 비해 생존에 유리하다(자연선택).

⑤ 경쟁에서 살아남은 종이 가진, 경쟁에서 유리하게 작용했던 변화(변이)가 번식을 통해 종 내에서 확산된다.

⑥ 변화(변이)들이 쌓여서 종 내의 다른 개체와 형태적이거나 생식적인 차이가 발생하면 새로운 종으로 분류된다.

다윈의 생물진화론에 따르면, 생물은 변한다. 『종의 기원(1859)』은 생물이 변하는 현상을 소개하는 것으로 시작된다. 당시 진화론이 널리 알려져 있었지만 그 내용을 책으로 출간한다는 것은 쉬운 일은 아니었다(박영철, 2005). 그 이유는, 앞에서 언급했던 것처럼 다윈이 활동하던 당시 영국에는 신에 의해서 종류대로 창조된 생물은 변하지 않는다는 것이 공적이고 지배적인 생물 기원론이었기 때문이다.

당시 영국에서는 동물을 선택적으로 교배시켜 특정한 생물을 만드는 것이 유행했었고, 다윈 또한 그러한 방법으로 다양한 생물들을 만들 수 있었다. 사람들은 동물을 선택적으로 교배시켜 우유를 많이 얻을 수 있는 소나, 고기를 많이 얻을 수 있는 소를 만들어낼 수 있었다. 다윈은 인간의 필요에 따른, 선택적 교배에 의해서 변화가 일어날 수 있으니 변화가 자연에 의해서도 일어날 수 있을 것으로 보았고 그것을 진화의 동력으로 제시했다.

다윈에 의해서 사변에 머물러 있던 생물이 변하는 현상이 경험적인 사실로 제시되면서 생물이 변하지 않는다던 성경적 생물 기원론, 창조론은 많은 학자들로부터 공개적으로 거부되었고, 성경의 사실성은 부정되어졌으며, 반면 진화론의 사실성은 빠르게 확산되었다.

변화(변이)된 생물 종(species)은 종 내에서 생존을 두고 서로 경쟁을 한다. 자원은 늘 한정되어 있고, 대부분의 생물은 필요 이상으로 많은 자손을 낳는다. 결국 생물들은 한정된 자원을 두고 생존경쟁을 벌일 수밖에 없다.

다윈은 영국의 경제학자 토머스 맬서스(Thomas Malthus)의 『인구론(1798)』을 통해 생존경쟁(struggle for existence)이라는 통찰을 얻었고 이를 생물학에 적용하였다(김호연, 2002 재인용). 맬서스는, 생물의 개체 수는 기하급수적으로 성장하는데 비해서 식량은 산술급수적으로 증가하므로 한정된 자원을 두고 생존을 위한 경쟁이 일어날 수밖에 없다고 했고, 이런 생존경쟁을 통해 세계가 유지되어 왔다고 했다(이선주, 2015). 다윈이 맬서스의 생존경쟁이라는 관점으로 본 생물계는 생존과 번식을 놓고 벌이는 경쟁의 장이었고, 생물은 경쟁을 통해서 다양하게 진화된 것으로 해석이 되었다.

생존에 유리한 변화(변이)를 가진 생물은 그렇지 않은 생물에 비해 더 많은 자원을 가질 수 있었고, 더 많은 자손을 번식시킬 수 있다. 라마르크는 획득된 형질이 유전되는 방식으로의 진화를 주장했지만, 다윈은 자연, 환경이 선택하는 방법으로 진화가 이루어진다는 '자연선택(natural selection)'을 주장했다. 자연이 직접 선택하는 것은 아니지만, 환경에 더 적합한 특성이 생존에 유리하게 작용하여 유전되는 것이 마치 자연이 선택하는 것처럼 보인다는 의미로 사용된 용어이다.

경쟁에서 살아남은, 자연선택된 생물이 다른 종과의 경쟁에서 이기도록 작용했던 변화(변이)는 종 내에서 전파된다. 이런 생존에 유리한 변화(변이)들이 쌓여서 종 내의 다른 개체와 뚜렷한 외형적 차이나 생식적 차이가 발생하면, 그 개체는 생물 분류 기준에 따라 새로운 종으로 명명된다. 새로운 종이 탄생되는 것이다. 진화론에서는 오늘날 사람을 포함한 수천만 종으로 추정하는 다양한 동식물들은 이런 방식으로 단 하나의 생물로부터 진화된 것으로 본다.

『종의 기원(1859)』은 출간 당일 매진될 정도로 인기가 있었지만, 반발 또한 컸다. 앞에서 언급했듯이 다윈의 진화론이 당시 영국사회의 지배적인 기원론과 배치되는 이론이었기 때문이다.

일부 학자들은 진화론을 수용하면서도 사회 분위기를 의식하여 인간을 제외한 동물의 기원에 관한 이론으로 축소하거나, 사회학으로 확장하지 않고 생물학 안에서의 이론으로만 사용했다. 다윈의 생물진화론을 수호하는데 적극 앞장섰기에 '다윈의 경호견'이라 불리는 동물학자 토마스 헉슬리(Thomas Huxley) 마저도 진화론으로 윤리적인 가치들을 찾아내려는 시도를 비판했었다(Wright, 2003).

19세기의 생물진화론은 생물학에만 머물러 있었다. 동식물이 진화된 사실은 수용하면서도 인간의 진화를 제외시키거나 심리학이나 윤리학으로 나아가지 않은 것은 당시 사회에서 생물진화론을 지킬 수 있는 진화론 진영의 자구책이기도 했다.

2. 사회진화론

사회진화론(Social Darwinism)은 진화론에 기반을 둔 사회학 이론이다. 다윈이 『종의 기원(1859)』을 출간했던 19세기 중반에서 20세기 초에 널리 유행했던 사회진화론은 생물진화론을 사회에 적용시킨 것이다(박창호, 2003). 대표적인 사회진화론자는 영국의 대표적인 사상가 허버트 스펜서(Herbert Spencer)와 사회진화론을 미국에 유행시킨 미국의 윌리엄 섬너(William Sumner)가 있다(Singer, 2012).

스펜서의 사회진화론은 다윈의 진화론과 동일하게 맬서스의 생각에서부터 시작된다. 다윈은 맬서스를 통해 얻은 생존경쟁이라는 관점을 생물계에 적용했고, 스펜서는 생존경쟁을 사회에 적용했다(신연재, 1994). 다윈은 이 생존경쟁을 '자연선택(natural selection)'이라 표현했고, 스펜서는 『동물의 다산성에 관한 일반 법칙으로부터 추론된 인구론(1852)』에서 '적자생존(survival of the fittest)'이라고 표현했다(김호연, 2002). 다윈도 『종의 기원(1859)』 5판부터는 자신의 책에 스펜서의 적자생존이라는 개념을 사용했었다(신연재, 1998). 오늘날 두 용어는 거의 같은 의미로 사용된다.

맬서스를 통해 얻은 '경쟁'이라는 관점은 같았지만, 스펜서가 사회에 사용한 생물진화론은 다윈의 생물진화론이 아니라 라마르크의 생물진화론 이었다(박창호, 2003). 다윈의 생물진화론과 라마르크의 생물진화론은 생물이 변한다는 생각에서는 같았지만,

몇몇 부분들에서는 이견을 보인다(Callinicos, 2009).

<다윈의 생물진화론과 라마르크의 생물진화론 비교>

	다윈의 생물진화론	라마르크의 생물진화론
진화의 시작	우연히 발생한 무작위적인 변이 또는 유전자의 섞임을 통한 변이	개체의 노력으로 획득한 변이
진화의 전개	환경의 선택에 의한 세대 간의 유전(생존에 유리한 변이)	세대 간의 유전, 변이의 축적
진화의 형태와 방향	예측할 수 없는 분지형 진보 또는 퇴보(몰진보성)	단순한 체계에서 복잡한 체계로의 단선적 발전(진보)
목적성의 유무	무목적적	유목적적
진화의 진행 시간	상대적으로 많은 시간이 필요	상대적으로 적은 시간이 필요

다윈의 생물진화론에서 변이는 복제의 오류나 환경의 영향 등의 무작위적인 방법으로 발생하거나 유전자들끼리의 예측할 수 없는 섞임으로 우연히 발생한다. 발생한 변이는 생존을 두고 종 내에서 개체들끼리 서로 경쟁을 하고, 생존에 유리한 변이를 가진 개체가 선택되게 된다. 이러한 방식의 진화는 변이의 발생이

나 환경의 변화를 예측하기 어렵기 때문의 진화의 방향 또한 예측하기 어렵고, 진보와 퇴보의 형태를 모두 포함하고 있으며 목적 또한 없다(이용국, 2010). 그리고 자연선택에 의존하기 때문에 종 내에서 다른 개체들과 형태적이나 생식적인 차이를 나타내기 위해서는 라마르크의 진화 방식에 비해 상당히 많은 시간이 필요하다.

라마르크의 생물진화론에서 생물의 변이는 특정 기관을 자주 사용함으로 발달시키거나 사용하지 않아 퇴화시키는 등의 방법으로, 생물체의 노력으로 발생된다(이선주, 2005). 획득한 변이는 다음 세대로 전달되고, 진화는 변이들의 축적으로 진행된다. 그렇기 때문에 단선적인 형태로, 비교적 단순한 체계에서 복잡한 체계로 진보되며, 목적이 있고, 뚜렷한 방향이 있다(박창호, 2003). 변이가 개체의 노력에 의해 세대 간에 직접 전달되기 때문에 라마르크 방식의 진화는 다윈의 생물진화론에 비해 적은 시간이 필요하다(Wilson, 2005).

스펜서는 맬서스의 생존경쟁과 다윈이 아닌, 라마르크의 생물진화론으로 사회를 탐구한다(신연재, 1994). 스펜서가 맬서스와 라마르크의 관점으로 본 사회는 한정된 자원을 두고 벌이는 생존경쟁의 장이었고, 생존에 유리한 특성은 개인이나 집단의 노력으로 얻을 수 있었으며, 생존에 유리한 특성을 가진 개인이나 집단이 경쟁에서 이길 수 있었다.

스펜서에게 경쟁은 자연스러운 모습이었고 과학적인 모습이었다. 스펜서는 사회가 경쟁을 통하여 진보되어 왔으며, 경쟁을 통하여 진보될 것이라는 낙관적인 생각을 했다.

19세기의 영국은 심각한 불평등의 사회였다. 일찍이 산업혁명에 성공한 영국사회는 경제적으로는 부강한 사회였지만 내부적으로는 신분차이와 빈부격차가 점점 커져가고 있었고, 외부적으로는 새로운 시장을 개척하기 위한 국가 간의 경쟁이 심해져 가고 있었다(박창호, 2004). 게다가 이웃 프랑스에서 발생한 혁명의 정신이 영국 사회에 전파되면서 보수 정치인들은 기존의 정치 체제를 유지하여 자신들의 재산과 신분을 지키기 위한 방법을 찾는 일에 매진하고 있었다. 그때 등장한 것이 스펜서의 사회진화론이다.

스펜서의 사회진화론으로 본 당시의 불평등과 국가 간의 경쟁은 개선해야 할 문제가 아니었고, 인간이 가진 생존이라는 본능에 의한 자연스러운 현상이었다. 오히려 문제들을 개선하고자 하는 노력들은 자연의 법칙을 거스르는 것으로 간주되었다(신연재, 1994). 스펜서는 생물이 생존경쟁을 통해서 자연스럽게 진보된 것처럼, 인간과 사회도 자연스런 경쟁을 통해서 진보될 것으로 보았다.

사회진화론의 두 가지 특징은 개인을 통해서 집단을 탐구하는 '개인주의'와, 사회의 제약으로부터 개인의 자유를 주장하는 '자유주의'다. 사회진화론의 개인주의와 자유주의는 영국의 정치와 경제에 영향을 미쳤는데, 스펜서는 정부의 간섭을 최소화하는 자유방임주의를 주장했고(이선주, 2015), 국가는 외부의 침입을 방어해야 할 최소한의 의무만을 가질 뿐이라고 했다(김호연, 2002 재인용). 스펜서에게 국가의 간섭은 비실용적이고 비윤리적인 것이었다(신연재, 1994).

스펜서의 국가불간섭주의는 그가 『사회학의 원리(1876)』에서 언급한 군사사회와 산업사회의 비교에서 더욱 뚜렷하게 나타나는데(김호연, 2002), 스펜서는 동물과 인간이 진보해 온 것처럼 사회도 원시시대로부터 전쟁이 중심이 되는 군사사회에서 산업적 경쟁이 중심이 되는 산업사회로, 단순한 군집 형태에서 복잡한 사회조직으로 발전, 진보한다고 했다(이선주, 2015). 스펜서는 군사사회가 정복을 통해 단위가 커질수록 점점 평형과정을 통해 산업사회로 진보해 간다고 했는데(김호연, 2002), 그에게 19세기 후반 영국사회의 많은 문제들은 산업 사회로 가는 과정에서 불가피하게 발생한 것들이었다(이선주, 2015).

사회진화론은 20세기 초에는 우리나라에서도 크게 영향을 끼쳤다. 1900년대에 우리나라는 일본제국주의의 침략으로 국권을 유지하기 어려운 상황에 직면하였고, 급기야 1910년에는 국권을 빼앗기고 말았다. 그 과정에서 선조들은 국권회복을 위하여 크게 두 가지 방향으로 저항하였는데, 그 하나는 의병항쟁이었고, 다른 하나는 실력양성운동이었다. 사회생물학은 실력양성운동으로 국권회복을 기도한 지식인들이 논거로 삼은 중요한 이론의 하나였다(최기영, 1999). 사회진화론을 통해 일본과의 경쟁에서 이기기 위해서는 힘이 필요하다고 판단했던 것이다.

진화론을 사회학에 접목한 사회진화론은 20세기 초반까지 전 세계로 유행하게 된다.

3. 표준사회과학모델

심리학이 새로운 기반인 진화론 위에 설 것이라던 다윈의 예견은 19세기에는 실현되지 않았다. 생물진화론이 널리 받아드려지긴 했지만, 여전히 다수의 학자들은 진화론을 인간과 사회에 적용하는 것을 거부했다.

19세기에서 20세기 전반에 걸쳐서 진화론을 인간과 사회에 적용하는 것을 거부했던 인문학자와 사회과학자들은 인간의 본성에 대하여 몇 가지 공통된 입장을 가지고 있었다. 이들은 인간의 본성을 존재하지 않는다거나 별 상관이 없는 것으로 보았다. 진화심리학자인 존 투비(John Tooby)와 레다 코스미데스(Leda Cosmides)는 이러한 생각들을 표준사회과학모델(Standard Social Science Model)이라고 불렀다(류지환, 2009). 앨런 밀러(Alan Miller)와 가나자와 사토시(Kanazawa Satoshi)는 표준사회과학모델의 주된 특징을 네 가지로 정리했는데, 이를 재정리해 보면 다음과 같다.

- 제1원칙: 인간의 행동은 진화론으로 설명할 수 없다.
- 제2원칙: 인간의 뇌와 마음에 담긴 것은 진화된 것이 아니다.
- 제3원칙: 인간의 타고난 본성은 없다.
- 제4원칙: 인간의 행동은 전적으로 환경과 사회의 산물이다.

표준사회과학모델로 본 인간의 본성은 비어 있는 서판과 같이,

유전에 의해 선천적으로 주어진 것이 아니라 환경에 의해 학습된 것이다. 사회학의 아버지로 불리는 에밀 뒤르캠(Emile Durkheim)도 "인간의 본성이란 사회적 요인에 의해 그 본이 떠지고 변화하는 미결정 상태의 질료에 불과하다"라고 했다 (Wright, 2003).

20세기 중반까지 미국 심리학을 주도했던 심리학 이론인 행동주의 심리학자들도 타고난 본성의 존재를 부정했다(Buss, 2005). 행동주의 심리학자 스키너는 행동은 오직 경험에 의해 학습되는 것이기에 적절한 강화 계획만 마련한다면 모든 종류의 동물에게 모든 행동을 가르칠 수 있다고 했다(Lisa, 2017).

1960년대에 들어, 심리학자들은 행동주의를 거부하기 시작했다. 거기에는 두 가지 큰 이유가 있는데, 하나는 인간의 행동을 설명할 때 마음에 대한 언급을 완전히 배제할 수 없다는 사실을 깨달았기 때문이고, 또 하나는 컴퓨터와 인공지능 연구가 발달하면서 학습 과정에 대한 새로운 메커니즘을 알게 되었기 때문이다(Buss, 2005).

20세기 중반을 넘어서면서 학습하지 않은 행동이 존재함을 보여주는 걸출한 저작들이 다양한 학자들에 의해서 출간되었다. 로버트 아드리(Robert Ardrey)의 『세력권적 명령(1966)』, 콘라트 로렌츠(Konrad Lorenz)의 『공격성에 대하여(1966)』, 데스몬드 모리스(Desmond Morris)의 『털 없는 원숭이(1967)』, 타이거 (Tiger)와 폭스(Fox)의 『권세를 휘두르는 동물(1970)』 등은 표준 사회과학모델과는 달리 인간이 선천적인 본성을 가지고 있음을 보여주었다(Steven, 1997).

인지심리학자들은 마음이 복잡하다는 사실을 깨닫기 시작했다.

1983년, 미국의 철학자이자 심리학자 제리 포더(Jerry Fodor)는 이러한 특수 목적 프로그램들을 '모듈(module)'이라 불렀다 (Buss, 2005).

인간의 본성이 존재한다는 사실을 깨닫기 시작하면서 다윈의 예견이 실현될 수 있는 발판이 마련되었다.

4. 다윈 진화론의 약진

19세기에 발표된 다윈의 생물진화론은 두 가지 해결해야 할 과제를 안고 있었다(Wilson, 2005). 다윈이 명쾌하게 해결하지 못한 두 과제는 유전의 문제와 이타성의 문제였다. 생물의 변이가 유전되는 현상은 관찰 가능한 경험적 사실이지만 유전학이 발달하지 않았던 당시에는 구체적으로 어떤 방식으로 부모세대의 형질이 자식세대로 전달되는지는 알지 못했다.

가. 유전의 문제 해결

다윈은 부계의 특징과 모계의 특징이 완전히 섞여서 자식세대로 전달된다는 혼합유전 방식으로 유전을 설명했다. 그러나 멘델의 실험이 알려지면서 혼합유전은 틀린 것으로 밝혀졌다. 멘델에 의해서 밝혀진 유전의 방식은 부계의 특징과 모계의 특징이 완전히 섞여서 자식세대로 전달되는 방식이 아니라, 멘델의 유명한 완두콩 실험을 통해 알 수 있는 것처럼 부계와 모계의 우성 인자들이 자식세대로 고스란히 전달되는 방식이었다.

형질의 유전에 대한 다윈의 생각은 틀린 것으로 밝혀졌지만, 유전학은 생물진화론에 새로운 장을 열어 주었다. 유전학이 오히려 미궁에 빠져 있던 변화(변이)가 생겨나는 원리를 설명 가능하게 만들어 준 것이다. 생물의 변화(변이)는 생식과정을 통해 부계의 유전정보와 모계의 유전정보의 섞임이나 복제과정에서 발생한 유전정보의 오류 등으로 발생될 수 있었다. 생물 개체의 변이가 유전자의 변이로 인식되면서 변이의 가능성이 경험적으로 열린 것이다.

1940년대에 들어 어네스트 마이어(Ernst Mayr)가 다윈의 진화론에 새롭게 알려진 유전학을 도입하였다. 이것이 이른바 '새로운 종합'이다. 다윈의 진화론이 인간을 포함한 생물의 존재 목적을 개체나 집단의 생존과 번식에서 유전자의 생존과 번식으로 확대하면서 과학적으로 좀 더 설득력을 가지게 되었다. 이로서 다윈의 생물진화론은 유전자라는 새로운 무기를 장착하여 19세기의 생물진화론에 비해 더욱 세련되어 졌다.

나. 이타성의 문제 해결

다윈이 해결하지 못한 두 번째 과제는 '이타성'의 문제였다. 진화론에서 이타성이란 한 개체가 자신의 적응도를 희생시켜 다른 개체(들)의 적응도를 증가시키는 행동 성향이다(정상모, 2007). 이타성은 인간의 세계에서는 쉽게 관찰되는 행동이고 꿀벌이나 개미 등 군집생활을 하는 동물들에게서도 쉽게 관찰할 수 있다(강정한, 2013). 그러나 이타성은 개체의 생존 본능과는 어울리지 않는다. 꿀벌과 같은 사회성 동물의 경우, 한 집단 내의 암벌은 자신의 번식을 포기하고 여왕벌의 번식을 위해 봉사하는 일벌이 되어 있다(강정한, 2013). 어떻게 이러한 행동이 진화될 수 있었을까?

이타성의 진화에 대해서 지금까지 제시된 이론은 집단 선택론, 혈연 선택론, 호혜적 이타주의 이론, 다수준 선택론, 등 크게 네 가지로 나누어 볼 수 있다(최재천 외, 2008). 이들 이론에 대해 간단히 살펴보면 다음과 같다.

1) 집단 선택론

진화는 생존에 유리한 특성을 가진 개체가 자연선택되는 방식으로 이루어진다. 집단 선택론에서는 선택이 되는 주체를 개체가 아니라 둘 또는 그 이상의 구성원으로 이루어진 집단으로 설정한다.

고전적 집단 선택론은 다윈이 제시한 것으로, 다윈은 이타적 개체들로 구성된 집단이 이기적 개체들로 구성된 집단보다 생존에 더 유리하여 집단 내에서 이타적 형질이 확산된 것이라고 했다(정상모, 2007). 다윈은 사회성 곤충을 예로 들면서 불임 개체들이 자신들의 생식적 이익을 희생하므로 집단 전체의 적응도를 높일 수 있다고 분석했다(최재천 외, 2008).

이타성은 집단 선택의 결과로 해석되었다. 그런데 집단 선택론은 1960년대 초, 조지 윌리엄스(George Williams)로부터 비판을 받는다. 그는 집단 선택은 이타성이 아니라 잘 계산된 이기심에 불과하다고 했다(최재천 외, 2008). 이타성에 대한 새로운 진화론적 설명이 필요하게 된 것이다.

2) 혈연 선택론

혈연 선택론에서는 자연선택이 되는 대상을 집단에서 유전자로 전환했다. 윌리엄 해밍턴(William Hammington)은 형질의 유전과 진화를 개체가 아니라 유전자의 관점에서 바라보아야 한다는 사실을 간파하고 '포괄적응도(inclusive fitness)'라는 새로운 개념을 고안했다. 포괄적응도는 관련 형질을 유발하는 유전자 복제본의 총량을 나타낸다(정상모, 2007).

혈연 선택론에서 선택은 언제나 개체 자신이 아니라 개체가 가진 유전자의 일부를 공유한 혈연 집단에게 작용하는데, 인간과 동물은 자신의 유전자를 자신이 직접 전파하는 것보다 자신과 동일한 유전자를 전파하는 것이 더 유리하다고 판단이 되면 기꺼이 자신을 희생하는 이타성을 발휘할 수 있다고 했다.

유전자의 관점으로 생물의 이타성을 이해하기 위한 핵심적인 개념은 유전적 근친도이다(강정한, 2013 재인용). 양성생식의 경우 한 개체의 특정 유전자가 자식에게도 있을 확률, 즉 부모세대와 자식세대 간의 유전자 근친도는 1/2이고 형제자매와의 근친도 역시 1/2이다(강정한, 2013 재인용). 이타 행위의 진화는 유전자 근친도가 클수록, 즉 혈연관계가 가까울수록 용이한데, 벌의 암컷은 근친도가 1/2인 자식을 낳는 것보다 근친도가 3/4이나 되는 자매를 많이 번식하도록 여왕벌에게 봉사하는 것이 자신이 직접 알을 낳는 것보다 유전자 입장에서 합리적이다(강정한, 2013). 혈연선택설에 의해 비로소 이타성을 진화의 틀 속에서 이타성을 설명할 수 있는 길이 열린 것이다.

그러나 혈연 선택론도 혈연 안에서의 이타성은 설명할 수 있지만, 혈연관계를 넘어서는 이타성을 설명하지는 못했다. 비혈연 관계 간의 이타성을 설명하기 위해서는 다른 이론이 필요했다(최 재천 외, 2008).

3) 호혜적 이타주의 이론

호혜적 이타주의 이론에서 이타성의 기원은 보답이 돌아올 것 이라는 기대감을 가지고 실행했던 이타적인 행동이 적응적으로 유리하게 작용된 것이다. 이 이론을 처음 제시한 트리버스는 게 임이론을 이용하여 이타적 행동을 위한 수학적 설명 모델을 만 들었다(정상모, 2007).

이타성이 생존에 유리함을 확인시켜 준 가장 영향력 있는 연 구는 정치학자인 로버트 악셀로드(Robert Axelrod)가 수행했는 데, 악셀로드는 '죄수의 딜레마(prisoner's dilemma)'라고 불리 는 협동/배신 게임에 참여할 전략들을 응모하였고, 전략들을 반 복하여 게임을 수행하여 최적의 전략을 찾아냈다. 죄수의 딜레마 게임에서 최적의 전략은 받은 만큼 되돌려주는(tit-for-tat) 매우 단순한 전략으로 상대방이 자신에게 쓴 전략을 그대로 따라하기 만 하면 된다(강정한, 2013). 놀랍게도 그 단순한 전략이 최상의 이익을 가져다 준 것이다.

상대로부터 최소한 그 이상의 보답이 돌아올 것이라고 기대 된다면, 이타적으로 행동하는 것이 적응적으로 유리하고, 따라서 그 행동 방식은 선택된다(정상모, 2007). 그러나 호혜적 이타주 의도 대가가 없는 이타성을 설명하지 못한다. 대가 없는 이타성을 설명하는 이론으로는 다수준 선택론이 있다(최재천 외, 2008).

4) 다수준 선택론

다수준 선택론은, 자연선택이 넓은 스펙트럼과 다양한 수준에서 작용하는 것을 말한다. 소버와 윌슨(Sober and Wilson)은 자연선택이 유전자에서 집단에 이르기까지의 넓은 스펙트럼과 다양한 수준에서 다양한 방식으로 이루어진다고 했다(최재천 외, 2008).

다수준 선택론에서는 선택이 일어나는 집단을 다양한 방식으로 구분하는데, 대표적으로는 유전자 층, 개체 층, 집단 층의 세 층으로 구분한다(최재천 외, 2008).

다수의 이타적 개체들로 구성된 집단은 다수의 이기적 개체들로 구성된 집단에 비해 생존경쟁에서 유리한 점이 있다. 다수의 이타적 개체들로 구성된 집단이 반복적으로 선택되다보면 집단 내의 이타적 개체들은 증가하게 된다. 이런 방식으로 이타성은 종 내에서 증가하게 된다.

19세기 중반에 등장했다가 20세기 중반에 사라진 사회진화론은 인간의 행동과 인간 사회를 맬서스의 생존경쟁과 라마르크의 진보라는 관점으로 해석했었다. 사회진화론은 스펜서의 의도와는 다르게(이선주, 2015), 특정 이데올로기를 지지하는 도구로 사용되었고, 그로인해 생물진화론을 인간 사회에 적용시키려는 일련의 시도들은 강력하게 거부되었다.

라마르크가 진화의 동력으로 사용했던 획득형질의 유전은 아우구스트 바이스만(August Weismann)의 연구로 부정되었다(이정희, 2017). 바이스만은 세포는 체세포와 생식세포로 분화되어 있으며, 유전을 담당하는 것은 생식세포이고 체세포는 다음 세대와는 전혀 연관이 없기 때문에 획득형질은 유전되지 않는다고 했는데(이정희, 2017), 이를 바이스만의 장벽이라고 한다(Miller, 2008). 라마르크의 생물진화론은 과학적으로 부정되었다.

라마르크의 생물진화론을 전제한 사회진화론은 거부되었지만, 다윈의 생물진화론은 유전학을 도입하면서 세련되어졌고, 이타성에 대한 이론들을 통해 설득력을 가지게 되면서 더욱 견고해졌다. 20세기 후반에 등장한 사회생물학은 그동안 분리되어 있던 모든 학문들을 생물진화론으로 연결하고자 했다.

5. 사회생물학

사회생물학(sociobiology)은 생물진화론을 통해서 인간의 행동과 사회를 연구하는 학문으로(최재천 외, 2008), 1975년 하버드대학의 진화생물학자 에드워드 윌슨(Edward Wilson)이 『사회생물학: 새로운 통합(1975)』을 출간하면서 시작 되었다(이영희, 2010 재인용).

사회생물학의 가장 큰 전제는 인간이 동물로부터 진화된 존재이고, 동물로부터 진화된 '본성'을 지니고 있다는 것이다(최재천 외, 2008). 인간의 행동을 전적으로 외부에서 학습된 것이라고 보고, 사회를 통해 인간의 본성을 연구했던 기존의 사회학과는 달리, 사회생물학에서는 인간이 동물로부터 진화된 본성을 지니고 있다는 사실을 전제로(최재천 외, 2008), 인간의 진화된 행동으로 사회를 탐구한다. 윌슨은, 윤리와 종교를 포함한 인간의 모든 사회행동은 결국 생물학적 현상에 불과하며, 따라서 생물진화론으로 분석될 수 있다고 했다(최재천 외, 2008).

과학철학자인 프란츠 부케티츠(Franz Wuketits)가 정리한 사회생물학의 핵심적 주장을 이영희(2010 재인용)의 연구를 참고하여 다음과 같이 정리해 본다.

첫째, 현존하는 모든 생물 종들은 유전자 재조합, 돌연변이, 그리고 자연선택을 기반으로 한 진화의 산물이다.
둘째, 사회적 행동의 여러 가지 양상들(이기주의/이타주의, 경

쟁/협력)은 인간의 생존에 유리했기 때문에 선택된 것이
다.

셋째, 인간의 행동은 유전된다.

넷째, 사회생물학은 진화-유전학적 모델을 인간의 사회적 행동
에 적용시킨다.

월슨의 사회생물학은 다윈의 생물진화론에 바탕을 두고 있다.
고로 사회생물학에서 생물의 변화(변이)는 생물체의 노력이 아니
라 유전자의 재조합이나 돌연변이로 발생한 것으로 본다.

사회생물학이 등장한 20세기 후반, 생물진화론이 생물의 기원
에 대한 과학적 기원론으로 입지를 굳혀가고 있었던 반면 사회
생물학은 쉽게 받아드려지지 않았다. 사회진화론이 그랬던 것처
럼 사회생물학도 신분, 성차, 인종 등의 사회적 불평등을 정당화
한다는 이유 때문이었다.

사회생물학이 거부된 또 다른 이유는 인문학과 사회학이 결국
엔 생물학의 한 분과가 될 것이라는 월슨의 생물학중심주의 때
문이었다(김동광 외, 2011). 월슨은 생물진화론을 중심으로 모든
학문을 모으려고 했다. 다른 분야의 학자들이 좋아했을 리는 없
었다.

정치인들은 사회생물학의 이용 가치를 빠르게 알아 차렸다. 나
치와 같은 극우 정권이 그랬던 것처럼 1970년대 말, 1980년대
초 이래 영국과 미국에서 집권한 보수정권은 사회생물학을 자신
들의 이데올로기를 정당화할 과학적 도구로 판단하여 연구를 지
원했으며, 도출된 연구 결과를 적극 이용했었다(Rose, 1997). 그
런 까닭에 월슨은 인종 차별주의자, 성 차별주의자, 자본주의자,

제국주의자로 인식되었다(Wright, 2003).

사회생물학은 윌슨의 동료였던 스티븐 J. 굴드(Stephen J. Gould)와 리처드 르원틴(Richard Lewontin)을 비롯한 여러 학자들의 격렬한 반대에 부딪히게 되었고(최재천 외, 2008), 사회생물학에 대한 비판은 1980년대 내내 이어졌다. 그러자 대부분의 사회생물학자들은 자신의 연구 영역을 동물의 사회적 행동에만 국한시키는 방향으로 후퇴했다(김동광 외, 2011). 이 분야의 학자들은 공개적으로 사회생물학자로 불리길 꺼려했다(Buss, 2005). 그들에게 인간 사회에 대한 새로운 진화론적 관점이 필요했다.

2

진화심리학의
인간 본성관

1. 진화심리학의 탄생

　진화심리학(Evolutionary Psychology)은 진화론을 통해 인간의 본성을 탐구하는 학문이다(Wright, 2003). 사회생물학이 학자들로부터 거부된 사실로 교훈을 얻은 진화심리학자들은 자신들의 관심이 오직 인간의 심리적 특성을 진화론에 기초하여 연구하는 과학적 분석에 있다며 정치 이데올로기로 간주될 수 있는 주장과는 거리를 두려고 했는데, 생물진화론을 전제하고 있으면서도 성별의 차이 외에는 인간 집단 사이에 기본적으로 유전적 차이가 없다는 입장을 취하여 사회진화론과 사회생물학이 빠졌던 '불평등의 정당화'라는 논쟁을 피했다(김동광 외, 2011). 이러한 접근이 주효했는지, 진화심리학은 19세기의 사회진화론이나 20세기의 사회생물학과는 달리 큰 저항 없이 자리를 잡았고 대중에게도 큰 관심을 불러일으켰다(김동광 외, 2011).

　진화심리학은 1980년대와 1990년대 초반, 진화심리학의 핵심 이론가로 불리는 레다 코스미데스(Leda Cosmides)와 존 투비(John Tooby)의 논문으로부터 시작되었다. 코스미데스와 투비는 생물진화론과 인지심리학(cognitive psychology)을 결합하여 진화와 마음의 관계에 관한 이론을 발전시켰다. 그들은 이것을 진화심리학이라고 불렀다(류지환, 2010).

2. 진화심리학의 인간 본성 탐구 방향

진화심리학은 표준사회과학모델과 사회생물학이 가지고 있던 한계를 넘어서 인간의 본성에 대한 과학적 설명을 제시하고자 했다(류지환, 2010). 진화심리학이 표준사회과학모델과 다른 점은 표준사회과학모델에서는 인간의 본성을 존재하지 않는 것으로 보았지만 진화심리학은 인간이 선천적인 본성을 가지고 있다고 보았고, 진화심리학이 사회생물학과 다른 점은, 사회생물학은 생물진화론을 통해서 표현되어지는 행동만을 연구하지만 진화심리학은 행동을 유발하는 마음까지도 연구를 한다는 점이다 (Buss, 2005).

진화심리학은 사회생물학과 인지과학의 결합이다. 1950년대 정보처리 이론의 발달과 함께 시작된 인지과학(cognitive science)은 마음의 작용을 정보와 연산의 개념으로 설명했다(조성두, 2017). 인지과학은 인간의 마음을 하나의 정보처리체계로 보고, 외부환경에서 입력된 자극, 정보를 마음이 어떻게 처리하여 출력하는가를 탐구한다(조성두, 2017).

진화심리학자들은 마음을 정신기관(mental organ)으로 본다. 진화심리학자들에게 마음은, 행동주의 심리학자들이 본 단순한 자극에 대한 반응 기관이 아니라, 자극의 종류에 따라 반응할 수 있도록 모듈화 된 복잡한 정신기관이다.

마음의 '모듈성(modularity)'은 진화심리학의 핵심 개념으로 (김동광 외, 2011 재인용), 한국의 진화심리학자 전중환(2007)은

『오래된 연장통(2010)』에서 인간의 마음을 톱이나 드릴, 망치, 니퍼 같은 다양한 공구들이 담긴 '오래된 연장통'으로 설명했다. 연장통에는 못을 박을 일이 생기면 사용할 수 있는 망치, 나무를 자를 일이 생기면 사용할 수 있는 톱 등 다양한 공구들이 담겨져 있는데, 오랜 시간 동안 집을 짓는 일을 해 온 숙련된 기술자의 연장통 안에는 다양한 작업에 사용할 수 있는 공구들이 담겨져 있을 것이다. 이와 같이 인간의 마음도 다양한 문제를 해결할 수 있도록 모듈화 되어 있다는 것이다.

진화심리학에 따르면 인간은 오랜 진화의 역사를 거치면서 여러 유형의 적응문제에 직면했었고, 생존에 유리한 특성을 지닌 개체가 진화에 성공해 왔듯이, 직면한 문제들을 해결하기 유리한 행동을 유발하는 본능을 가진 개체가 진화에 성공해 왔다. 선조들이 직면했던 대표적인 적응 문제는 짝 찾기, 타인과의 협력, 사냥, 채집, 자녀 보호, 길 찾기, 포식자 피하기, 착취 피하기 등이었다고 한다(조성두, 2017).

3. 진화심리학으로 탐구한 인간의 본성

진화된 본성은 생물 내부에서 일어나는 일련의 과정들로, 다음과 같은 특징들을 가지고 있다(Buss, 2005).

① 본능은 특정한 문제를 반복적으로 해결하면서 형성된 것이다.

② 본능은 모듈화 되어있고, 각 모듈은 특정 문제만을 처리하도록 구성되어 있다.

③ 특정한 정보는 진화된 본능에 의해, 직면한 특정 문제를 빠르게 인식시켜준다.

④ 특정한 정보는 인지과정을 거치지 않고 본능적으로 빠르게 처리된다.

⑤ 본능에 의한 반응은 생리적 활동이나 겉으로 드러나는 행동이 될 수 있다.

⑥ 본능은 특정 적응 문제의 해결을 지향한다.

인간의 마음은 왜 모듈화 되어 있을까? 진화심리학에 따르면 마음의 모듈화가 생존에 유리했기 때문이다. 본능의 특징에서 살펴본 것처럼 인간의 본능은 대개 감정을 통해서 작동되는데, 감정과 결합되어 작동되는 본능적 행동은 이성이 판단을 내린 후 행동하는 과정에 비해 빠른 반응을 하도록 하여 생존에 더 유리하도록 만든다(Wilson, 2005). 실례로, 인간은 뱀과 비슷한 생김

새나 느낌을 접할 때 본능적으로 빠르게 피하게 되는데, 이런 본능은 뱀으로부터의 위협에서 우리를 보호해주는 선천적인 본능이다.

진화심리학에 따르면 인간의 본성은 과거로부터 진화되어 온 것이다. 그렇기 때문에 인간의 본성을 탐구하면 선조들이 과거에 직면했던 적응문제들을 유추할 수 있다고 본다. 여기서 중요한 것은 현재의 적응도가 아니라 과거의 적응도라는 사실이다(류지환, 2010).

인간의 본성을 통해 현재가 아니라 과거의 적응 문제를 볼 수밖에 없는 이유는 진화론적으로 생존에 유리한 행동이 등장하고, 종 안에서 그 행동들이 두뇌 속에 프로그래밍 되기 위해서는 적어도 수만 세대 이상의 오랜 시간이 필요하기 때문이다. 진화론에 따르면 인류의 선조인 호모 사피엔스(*Homo sapiens*)의 뇌가 진화했던 10만 년 전쯤까지는 유전적 진화와 문화적 진화는 서로 밀접하게 짝 지워져 있었지만 신석기 시대의 시작, 특히 문명이 발달하기 시작하면서 유전적 진화가 문화적 진화를 따라잡지 못하게 되어 둘 사이에 차이가 발생하게 되었다고 한다(Wilson, 2005). 그렇기 때문에 오늘날 인간의 본성은 현재의 환경에 적응된 것이 아니라 수만 세대 전 선조들의 삶에 유리하게 작용했던 심리 기제들인 것이다.

4. 진화심리학의 인간 행동 탐구 방법

진화심리학에서 인간의 행동을 탐구하는 방법은 크게 두 가지가 있다. 한 가지 방법은 동물의 행동을 탐구하는 것이고 다른한 가지는 선조들이 살았던 환경을 탐구하는 것이다.

인간의 본성을 통해 선조들이 겪었던 적응 문제를 탐구하기위해 진화심리학자들은 '사바나(savanna) 환경'으로 우리를 안내한다. 진화론에 따르면 인류가 99%의 시간을 보낸 환경은 진화론적 지질연대로 홍적세 기간으로, 인류의 선조들이 오늘날 열대초원인 사바나 초원과 비슷한 환경에서 수렵·채집 생활을 했을것으로 가정한다(Wilson, 2005). 진화심리학의 관점으로 보면 오늘날 인간이 가지고 있는 본성은 홍적세 시대 수렵·채집인의 환경에 적응된 심리 기제이다.

서두에서 언급했던 것처럼, 인간이 단맛을 선호하게 된 이유는음식이 풍부하지 못했던 수렵·채집인들이 상대적으로 열량이 높은 단맛이 나는 음식에 대한 선호가 생존에 유리하여 종 내에서확산되었기 때문이라고 했다. 그렇다면 단맛에 대한 선호 본능이현대인들의 생존에도 유리하게 작용할까? 앞에서 언급했던 것처럼 우리가 가지고 있는 본성은 현재의 적응도가 아니라 과거의적응도이기에 과거에는 생존에 유리하게 작용했었지만, 오늘날의환경에는 유리하지 않은 본능도 있다(류지환, 2010). 단맛에 대한 선호가 대표적인 사례인데, 단맛에 대한 선호는 과거에는 생존에 유리한 본능이었지만, 오늘날에는 그다지 유리하게 작용하지는 않는다. 홍적세의 적응문제를 해결하기 위해 적응된 입맛이 현대에는 생존과 번식에 지장을 주고 있는 셈이다(기인주, 2011).

코스미데스와 투비가 제시한 진화심리학의 전제를 류지환(2010)이 정리한 것을 참고하여 재구성해 보면 다음과 같다.

① 뇌는 정보처리를 위한 기관이고, 마음은 뇌 속에 있는 정보 처리 장치의 집합이다.
② 행동은 뇌를 구성하는 진화된 프로그램, 본능에 의해 산출된 출력물이다.
③ 본능은 선조들의 환경으로부터 형성된 것이다.
④ 본능은 적응적 지체를 야기할 수도 있다.
⑤ 본능은 인간의 문화 형성에 결정적 역할을 한다.
⑥ 본능은 기능적 전문성, 특수성, 다수성, 보편성, 생득성, 발달적 안정성의 특징을 가진다.

버스(2005)는 『진화심리학』에서 여덟 가지의 가설 검증 방법을 다음과 같이 소개하였다.

① 서로 다른 종들의 비교
② 비교문화적 방법
③ 생리학적 방법과 뇌 영상 방법
④ 유전학적 방법
⑤ 암컷과 수컷의 비교
⑥ 한 종 내 개체들의 비교

⑦ 서로 다른 맥락에서 같은 개인들 비교하기
⑧ 실험적 방법

 이런 검증 방법을 통해서 음식에 대한 선호, 메스꺼움의 이유, 입덧을 하는 이유, 불로 조리하는 이유, 양념을 먹는 이유, 술을 좋아하는 이유, 사냥을 하는 이유, 채집 활동으로 인한 적응 행동, 보편적인 두려움, 포식 동물에 대한 적응, 질병에 맞서 싸우기, 노화, 자살, 살인, 배우자 선호, 외모의 중요성에 대한 남녀의 차이, 단기적 짝짓기 전략, 부모의 자녀 보살핌, 자식에 대한 투자, 부모와 자식 간의 갈등 이론, 친족 이론, 포괄 적합도 이론, 협력, 공격성, 전쟁, 성적 접근을 둘러싼 갈등, 성폭력, 강간, 질투, 배우자 유지 전술, 파트너에 대한 폭력, 자원 접근을 둘러싼 갈등, 지배 서열의 출현, 사회적 주의 끌기 등의 다양한 행동들을 진화의 관점으로 탐구한다.

3

진화심리학의
인간 본성 해석에
대한 비판

과학철학자 데이비드 불러(David Buller)는 진화심리학의 주장을 다음과 같은 이유들로 반대했다(조성두, 2017 재인용).

첫째, 선조들이 살았던 환경이 사바나 환경과 비슷했다는 증거가 별로 없다. 따라서 그들이 어떤 적응 문제들을 안고 있었는지 알 수 없다.

둘째, 인간에게만 이런 본성이 발달한 이유를 알 수 없다.

셋째, 수렵·채집 시대에 인간의 본성이 형성되었다는 진화심리학의 주장에 반해, 돌봄, 공포, 분노, 유희 등의 감정이 형성된 시기는 그보다 훨씬 전까지 거슬러 올라가고, 진화심리학에서 다루지 않는 농업혁명도 본성을 크게 변화시키는 역할을 했을 것이다.

넷째, 설문조사에 의한 심리학 데이터는 진화심리학의 가설을 입증하는 확실한 증거가 될 수 없다.

이 외에 생물철학자 존 뒤프레, 사회과학철학자 케이 요시다 등도 진화심리학이 사회·환경적인 영향을 무시한 채 본성 중심의 생물학적 환원주의만을 주장한다고 비판하였다(조성두, 2017 재인용).

연구자도 다음과 같은 몇 가지 이유로 진화심리학의 인간 본성 해석에 대해 비판을 제시해 보고자 한다.

1. 인류의 가치 훼손

가. 문제 행동의 과학적 포장

진화심리학에서 인간의 본성, 본성에 의한 행동은 한 때 인간의 생존에 유리하게 작용했기 때문에 적응된 행동 또는 적응에 간접적으로 작용했던 부산물이다. 진화심리학에서는 이런 진화론적 관점으로 인간의 행동을 탐구한다. 문제는 맛의 선호 같은 비교적 논쟁거리가 적은, 가벼운 행동만을 다루지 않는다는 것이다. 동성애, 일부다처제와 같은 논쟁거리가 되기 다분한 행동과 심지어 영아살해, 강간 등 비교적 무거운 행동들도 다루고 있는데, 이런 행동들도 진화심리학에서는 생존에 유리하게 작용하여 적응된, 정상적인 행동으로 다루어지고 있다.

1) 폭력

폭력은 왜 존재할까? 진화론으로 본 생물의 존재 목적은 생존과 번식이다. 동물은 짝짓기 대상을 얻기 위해 다윈이 '성선택'이라고 소개한 번식을 위한 경쟁을 하는데, 성선택의 주도권은 주로 암컷이 가지고 있다. 암컷의 기호에 따라 수컷들은 종 내에서 서로 경쟁을 하고, 경쟁에서 승리한 수컷이 암컷을 차지하게 된다. 다른 수컷과의 경쟁에서 유리하게 작용했던 특성은 유전자를 통해 종 내에서 확산된다.

생물 종에 따라 암컷의 기호는 다양하게 나타나는데, 어떤 생물 종의 암컷들은 수컷들의 특정한 외형을 선호한다. 그래서 어떤 생물은 수컷들이 암컷들에 비해 화려한 외형을 가지고 있다.

수컷의 힘은 암컷들의 대표적인 선호 중 하나이다. 상대적으로 힘이 센 수컷은 많은 배우자를 얻을 수 있고, 많은 배우자를 얻을 수 있다는 것은 자신의 유전자를 많이 퍼뜨릴 수 있는 이점이 있다.

진화심리학의 탐구에 따르면 동물이 가지고 있던 번식을 위한 경쟁 본능이 인간에게도 유전되어 왔고, 일부에게는 폭력으로 나타난다고 한다. 그렇다면 폭력은 인간이 가지고 있는 유전된 본능에 의한 자연스러운 행동으로 해석이 된다. 진화심리학이 이런 행동을 하도록 권장하거나 방치하는 것은 아니지만, 문제는 진화심리학에서 폭력이 본능에 의한 자연스러운 행동으로 해석되고 있다는 것이다.

진화심리학자 전중환(2016)은 십대들이 위험한 행동들을 저지르는 이유는 이 행동들이 진화적 이득을 주었기 때문에 자연선택된 것이라고 한다. 십대들은 또래 집단 내에서 자신의 힘이나 지능, 운동 능력, 용감함 등을 친구들에게 과시함으로써 친구들 사이에서 높은 지위를 얻을 수 있다(전중환, 2016). 그리고 폭력이 자연선택 된 근거로 영장류 새끼들의 행동을 든다. 십대들의 위험한 행동들은 영장류새끼들도 가지고 있던 진화된 본성에 의한 적응 행동으로 해석이 된다. 전중환(2016)은 자신보다 약한 친구를 괴롭히는 행동도 일종의 서열 경쟁으로 해석한다. 그 근거 역시 동물들의 행동에서 찾을 수 있다.

진화심리학에서 폭력은 비정상적인 행동이 아니다. 그들에게 폭력은 진화적 이득을 가져다주었기에 자연선택되어 온 지극히 정상적이고 자연스러운 적응 행동이다.

2) 동성애

진화심리학자들은 동성애가 존재하는 이유도 동성애가 생존에 유리하게 작용했기 때문이라고 한다. 그렇기 때문에 진화심리학자들에게 동성애 역시 진화된 본능에 의한 정상적인 행동으로 간주된다. Wilson(2014)은 『인간 본성에 대하여(2014)』에서 "동성애가 생물학적 의미에서 정상일 뿐 아니라, 초기 인류 사회 조직의 중요한 요소로서 진화해 온 독특한 자선 행위일 가능성이 높다"고 했다.

동성애자들은 자식을 낳을 수 없는데 어떻게 동성애 성향이 유전될 수 있었을까? 동성애는 선택된 행동이 아니라 적응의 부산물로 본다. 진화심리학자들은 동성애자들 덕분에 그들의 가까운 친족들이 더 많은 아이를 가질 수 있었다고 한다(Wilson, 2014).

『사회생물학, 인간의 본성을 말하다(2008)』에서는 동성애의 문제는 선과 악, 옳고 그름의 이분법에 의해 해결될 수 있는 규범의 문제가 아니라고 했다. 『사회생물학, 인간의 본성을 말하다(2008)』에서는 일부 사회에서 동성애가 악으로 규정되어 있는 이유는 서구의 오랜 도덕적 원리의 중심에 자리를 잡고 있었던 기독교 때문이라고 한다. 동성애 금지법은 인구가 곧 국력이었던 시기에, 기독교인들이 인구를 늘려 정복전쟁에서 이기기 위해 도입한 제도였고, 이 제도가 서구 기독교문화를 통해 지금껏 신성화되어 계승된 것이라고 했다(최재천 외, 2008).

진화심리학에서 동성애를 적응행동으로 해석한 근거 역시 동물의 행동으로부터 나온다. 동성애 행동은 곤충에서 포유류에 이르기까지 인간을 포함한 다른 여러 생명체에서 흔하게 나타나는 행동의 한 양상이라고 한다(최재천 외, 2008). 인간이 진화된 존재이기 때문에, 그들에게 동성애도 본능에 의한 자연스러운 행동으로 해석이 된다.

3) 외도

생물진화론에 따르면 인간이 가지고 있는 기본적인 본능은 생존과 번식이다. 남성과 여성이 가지고 있는 번식 본능은 신체구조와 특성의 차이 때문에 다른 방식으로 표현되는데, 출산기간이라는 손실이 없는 남성은 가능한 자신의 유전자를 더 많은 여성에게 퍼뜨리는 것이 유전자의 생존에 유리하고, 여성은 출산기간 동안에 안정적으로 자원을 제공할 다수의 남성을 얻기 위해 노력하는 것이 유전자의 생존에 유리하다(Wright, 2003).

진화론의 관점으로 보면 외도는 본능에 의한 자연스러운 행동이 된다. 그렇다면 오늘날 보편적인 결혼제도인 일부일처는 인간의 본능을 거스르는 부자연스러운 제도다. 진화심리학자 로버트 라이트(Robert Wright)는 『도덕적 동물(1994)』에서 인간에게 가장 자연스러운 결혼 제도는 일부다처제라고 했다(Wright, 2003).

일부다처제가 가장 자연스러운 결혼 제도임은 남성과 여성의 신체 크기의 차이로 알 수 있다고 하는데, 진화심리학에 따르면, 특정 종의 수컷과 암컷의 신체 크기 차이는 일부다처제를 이루려는 성향이 강할수록 커진다. 생물진화론에서 인간과 비교적 가까운 동물들인, 긴팔원숭이와 고릴라를 통해 살펴보면, 완전하게 일부일처제를 이루고 사는 긴팔원숭이의 경우, 수컷과 암컷의 크기 차이는 거의 없다. 그러나 일부다처제를 이루고 사는 고릴라의 경우, 수컷의 키는 암컷에 비해 약 1.3배 더 크고, 몸무게는 약 2배 더 많이 나간다. 인간의 경우 남성의 키는 여성에 비해 평균 1.1배 더 크고, 몸무게는 평균 1.2배 더 나간다. 동물을 통해서 인간의 행동을 탐구하면, 인간에게 가장 자연스러운 결혼 제도는 일부다처제가 된다(Miller, 2008).

진화심리학자들이 전 세계의 전통적인 사회를 포괄적으로 조사한 결과, 그 중 83.39%에 해당하는 사회가 일부다처제의 사회이고, 16.14%에 해당하는 사회만 일부일처제 사회라고 한다. 그리고 0.47%에 해당하는 사회에서는 일처다부제를 실시하고 있다(Miller, 2008). 진화심리학자들은 다양한 사회에서 이루어지는 일부다처의 결혼 제도가 일부다처제를 지지하는 근거 자료로 사용된다.

라이트(2003)는 『도덕적 동물(1994)』에서 "아마 절반가량의 결혼이 실패로 끝나는 오늘날의 명목적인 일부일처제 사회들 가운데 일부에서는 일부다처제를 허용해야만 할 것이다. 지금 이혼을 당한 많은 여성들과 그들의 아이들은 그렇게 함으로써 더 나은 처지에 놓이게 될 것이다."라고 했다. 그렇다면 이들의 주장대로 일부다처제 사회로 전환해야 하는가?

4) 강간

진화론의 관점으로 본 인간의 기본적인 본능은 생존과 번식이다. 합법적인 수단을 통해서 짝짓기 대상을 찾기 어려울 때, 번식이라는 본능에 의해 강제를 행사할 수밖에 없다고 한다. 그렇다면 강간은 생식의 성공을 극대화하려는 적응현상이다(Pearcey, 2007 재인용). 진화심리학에 의해 강간도 본능에 의한 자연스러운 행동이 된다.

라이트(2003)는 강간이 모든 문화에서 표면으로 드러나는 현상이라고 했다. 강간의 보편성을 근거로 강간을 인간이 가진 번식 본능에 의한 적응행동으로 해석하는 것이다.

5) 영아살해

진화심리학자 스티븐 핑커(Steven Pinker)는 신생아가 병들었거나 생존이 불확실한 경우에는 신생아를 살해할 수 있다고 했다. 우리나라에서도 언론을 통해서 자신이 낳은 영아를 살해한 사건을 종종 접하게 되는데, 핑커는 영아살해가 비정상적인 행동이 아니라고 했다(Pearcey, 2007 재인용). 진화심리학에서 영아살해는 유전자의 생존에 유리하게 작용하여 선택된 본능적 행동이다.

거듭 이야기하지만 진화심리학이 이러한 행동들을 권장하는 것은 절대 아니다. 진화심리학에서 자연선택되는 행동은 근본적으로 생존과 번식에 얼마나 유리한지를 따지는 적응도에 기초하기 때문에, 낙태나 인간복제도 적응도를 높여주는 경우라면 허용될 것이고, 그 반대라면 금지될 것이다(최재천 외, 2008).

진화심리학에서 인간의 행동에 대한 판단 기준은 오직 생존과 번식에 유리하게 작용하는지 여부에 달려 있다. 만약 이런 행동들이 진화된 본능에 의한 행동이라면 과연 이런 행동을 하는 사람들을 비난할 수 있을까?

나. 유전자 중심의 가치 평가

1) 유전자로의 환원

영국의 소설가 새뮤얼 버틀러(Samuel Butler)는 "닭은 달걀이 더 많은 달걀을 생산하기 위해 잠시 만들어낸 매개체에 불과하다"라고 했다(Wilson, 2014 재인용). 버틀러에 의해 닭은 번식의 매개체로 환원되어 버린다. 생존과 번식을 유전자의 관점으로 환원하면, 인간은 유전자의 생존과 번식을 위해 살아가는 존재이다. 리처드 도킨스(Richard Dawkins)는 『이기적인 유전자(1976)』에서 인간을 '유전자의 생존 기계'라고 했다(Dawkins, 2006). 그의 관점에 따르면, 인간은 유전자를 전달하기 위한 하나의 수단에 불과하다.

유전자의 관점으로 세상을 보면 인류가 가지고 있는 모든 가치들은 유전자를 전달하기 위한 하나의 수단으로 전락하고 만다. 생물진화론을 지지하는 사람들에게는 이런 식의 환원이 당연한

사실로 받아드려지겠지만, 그렇지 않은 사람들에게 유전자로의
환원은 충격적으로 다가올 수 있다.

<유전자의 관점으로 환원된 가치어>

가치어	유전자의 관점으로 환원
자녀	■ 내 유전자의 반(50%)
아버지	■ 내 유전자의 반(50%)
어머니	■ 내 유전자의 반(50%)
아내	■ 내 유전자가 섞인 아이를 낳아주는 여성
남편	■ 아이를 낳아주는 대가로 자원을 제공하는 남성
결혼	■ 제3자의 성적 접근과 투자를 제한하기 위한 전략
가정	■ 번식을 위한 동맹
종교	■ 적응의 부산물
본성	■ 본능들의 집합
마음	■ 두뇌의 활동
도덕	■ 유전자들이 증식이라는 목적을 위해 우리에게 심어 놓은 집단적 환상
감사	■ 일종의 차용증
예술	■ 성관계를 갖는 데 응하게 만들기 위한 노력

진화심리학자 밀러와 사토시는 『처음 읽는 진화심리학(2008)』
에서 "역사를 통틀어 남자가 여자에게 감명을 주어 성관계를 갖
는데 응하게 만들기 위해 새로운 영토를 정복하고, 전투나 전쟁

에서 승리하고, 교향곡을 작곡하고, 책을 저술하고, 시를 짓고, 초상화와 성당의 천장화를 그리고, 과학적인 발견을 하고, 록 밴드에서 연주하고, 새 컴퓨터 소프트웨어를 작성해야 했다."고 했다. 그들에게 전투나 전쟁에서의 승리, 작곡, 저술, 작시, 그림, 과학 연구, 연주, 개발 등의 활동은 성적 파트너를 얻기 위한, 그저 번식을 위한 행동에 불과한 것으로 취급된다.

인류가 가진 가치에 대한 유전자로의 환원은 매우 위험하다. 낸시 피어시(Nancy Pearcey)는 『완전한 확신(2017)』에서 환원주의에 대해 정의하기를 "어떤 현상을 좀 더 높거나 좀 더 복잡한 차원의 현실에서 좀 더 낮고 좀 더 단순하고 좀 덜 복잡한 차원으로 끌어내리는 것"이라고 했다. 환원주의자들이 그렇게 하는 목적은 대개 그 현상의 정체를 폭로하거나 그 현상의 신용을 떨어뜨리기 위함이다(Pearcey, 2017). 피어시(2017)는 또, 환원은 대상을 상자 하나에 구겨 넣으려 하는 것과 비슷한데, 문제는 그 상자가 너무 작다고 했다.

인류가 가지고 있는 가치에 대한 유전자로의 환원은 인류의 가치들을 단순히 유전자의 전달 도구로 평가 절하한다. 위험성은 가치어와 해석을 뒤집을 때 드러나는데, 아내를 '내 유전자가 섞인 아이를 낳아주는 여성'으로 환원했을 때, 가치어와 해석을 뒤집어 보면 아이를 낳지 못하는 여성은 아내가 아닌 것이 된다. 아이를 낳지 못하는 여성은 아내의 대상이 될 수 없다. 그것은 남편의 경우도 마찬가지이며, 가정, 종교도 마찬가지다.

유전자로의 환원은 하나의 세계관을 형성하게 된다. 그리고 그 환원은 인간이 가진 가치들을 한낱 유전자를 전달하기 위한 수단으로 전락시키고 있다.

2) 유전자 결정론

극단적 유전자 환원주의인 '유전자 결정론'은 인간의 모든 사회적 행동을 유전자에 의한 것으로 본다. 그들에게 인간의 본성과 능력의 차이는 선천적으로 결정되어 있는 것이다(Rose, 1997). 고로 신분, 능력, 인종, 성별 등의 차이는 개인이 가진 유전자에 의해 이미 결정되어 있는 것이었다(Rose, 1997). 결국 생존경쟁을 통해서 좀 더 우수한 유전자를 가진 개체나 집단은 경쟁에서 이김으로 자연선택될 것이고, 그들을 경쟁에서 이기게 했던 우수한 유전자가 개체나 집단 내에서 확산될 것이며, 그렇지 않은 유전자를 가진 개체나 집단은 자연 도태될 것이다. 이것이 그들이 진화론을 통해서 발견한 자연의 법칙이었다.

문제행동은 유전자에 의해 뇌에 새겨져 있다. 그것은 유전된 것이다. 그렇다면 문제행동에 대한 적절한 치료는 약물이나 수술용 칼을 쓰는 것이다(Rose, 1997). 문제행동은 사회 구조의 문제 때문이 아니라 그들이 가진 유전자의 문제로 간주되었다.

정치인들은 유전자 결정론의 정치적 가치를 빠르게 알아차렸다. 유전자 결정론으로 본 19세기 후반에 빈번했던 자본가에 대한 노동자의 투쟁은 사회 구조의 문제가 아니라 노동자들이 가진 유전자, 뇌의 문제였다. 투쟁은 뇌 구조의 이상 탓으로 빚어진 사회적 일탈로 해석되었다(Rose, 1997). 그리고 이러한 해석은 과학적 해석으로 간주되었다. 나치와 같은 극우 정권이나 1970년대 말, 1980년대 초 영국과 미국에서 집권한 보수정권은 이 연구를 부추기고 지원하여 연구 결과를 사회질서를 정당화하는데 이용했었다(Rose, 1997). 유전자 결정론은 우생학과 인종차별주의로 이어진다.

2. 반인륜적 이데올로기의 지지 도구

호프스태터(Hofstadter)는 다윈의 생물진화론은 특정 이데올로기를 지지하는 이론이 아니라 이중성을 가지고 있어서 상반되는 이데올로기들을 지지할 수 있는 중립적인 도구라고 했다(신연재, 1998 재인용). 그러나 생물진화론을 전제로 한 사회학 이론들은 인종 차별주의자, 파시스트, 자본주의자들에 의해 남용되었다(Wright, 2003). 정치이념으로 사회진화론, 사회생물학, 진화심리학의 가치는 매우 컸다. 왜냐하면 그것이 생물진화론이라는 과학을 기반으로 한 이론이었기 때문이다. 생물진화론에 기반을 둔 이론들을 반대하는 것은 곧 자연의 질서, 과학을 거부하는 것으로 간주되었다. 진화심리학이 어떤 식으로 특정 이데올로기의 도구로 사용되었는지 신연재(1998)의 연구를 참고하여 정리해 보았다.

가. 개인주의, 자유주의, 자유방임주의

앞에서 언급했던 것처럼 19세기 영국 사회는 심각한 불평등의 사회였다. 스펜서와 동시대를 살았던 마르크스는 당시 영국 사회가 가지고 있던 불평등의 문제를 사회 구조의 문제로 보았고, 스펜서는 이를 생존경쟁이라는 개인의 문제로 보았다(박창호, 2003). 마르크스의 생각을 따라 문제를 해결하려면 사회를 개혁해야 할 것이고, 스펜서의 생각을 따라 문제를 해결하려면 개인을 개혁해야 할 것이다.

보수 정치인들은 스펜서의 생각을 선택했다. 사회진화론의 관점으로 볼 때, 신분과 능력의 차이는 태어나기 전부터 이미 결정되어 있는 지극히 자연적인 현상이었고, 개선할 수 없는 것이었으며, 이를 개선하려는 노력은 자연의 법칙을 거스르는 행위로 간주되었다. 인간이 할 수 있는 것은 불평등에 순응하거나 경쟁에서 이길 힘을 기르는 것이었다.

사회진화론은 보수 정치인들의 자유방임주의적 자본주의를 정당화하는 이론으로 사용되었다. 1883년 미국 뉴잉글랜드 공장 직원의 40%가 7-16세의 어린이였으며, 이들은 아침부터 저녁 8시까지 일을 해야 했다. 그러나 어린이 노동문제는 별로 부각되지 않았고, 오히려 부자 예찬론이 미국 사회를 휩쓸었다. 이런 사회 분위기를 조성하는데 기여를 했던 인물이 바로 스펜서였다(강준만, 2010). 이들에게 가난은 사회 구조의 문제가 아니고 개인의 능력 문제였다. 부자들에 비해 가난한 자들은 유전적 결함을 가지고 있는 것으로 간주되었다.

나. 민족주의, 제국주의

19세기 중반 이후 영국의 산업 구조가 산업자본주의에서 독점

자본주의로 전환되면서 노동자와 자본가는 심각하게 대립하였고, 사회주의 운동이 영국 내에서 한층 격화되는 가운데, 국가는 이 위기를 수습하기 위해 기존의 개인주의 사상이나 자유방임 정책을 수정하여 사회를 하나의 통일체로 통합하려고 노력했다(박창호, 2003). 그렇다면 영국 사회가 사회진화론을 포기한 것일까?

사회진화론의 중심 개념인 '생존경쟁'과 '적자생존'의 적용범위를 개인에 두느냐, 집단에 두느냐에 따라 자유주의를 정당화하는 도구가 되기도 하고 민족주의와 제국주의를 정당화하는 도구가 되기도 한다(강준만, 2010). 19세기 중반에는 적용범위를 개인에 두었고, 중반 이후에는 국가에 두었다.

생존경쟁의 적용범위가 개인에서 국가로 확대되면서 개인에 대한 국가의 간섭이나 국가 간의 경쟁도 자연스러운 현상으로 해석되었다. 대내적으로는 개인을 포함한 국가라는 집단의 생존을 위해서 국가는 때로는 개인에게 강제를 행사할 수 있었고, 대외적으로는 국가 간의 전쟁이 생존경쟁으로 정당화되었다. 힘을 가진 국가는 살아남고 그렇지 않은 국가는 사라지는 것이 자연의 이치이자 과학적인 현상이었다.

국가 간의 경쟁에서 이기기 위해서는 국력을 키워야 했다. 국력의 중요성이 강조되면서, 19세기 중반 이후의 유럽은 자유주의로부터 철저히 멀어지기 시작한다. 특히 독일의 사상가들이 이런 변화를 선도했는데, 일단의 지식인들이 생존경쟁은 국가의 생존에 필수적이고 유익한 것이라고 주장했다(신연재, 1998 재인용).

19세기 말, 유럽 국가들의 제국주의적 팽창은 절정에 달했다. 인류의 진보는 생존경쟁에 달려 있다는 인식이 더욱 확산되었고,

정치지도자들은 물론 시민들의 정서에까지 진화론적 정치 관념이 침투했다. 실제 목적이 극악할수록 그것을 정당화해줄 대의명분이 필요한데(이선주, 2015), 그 명분이 바로 진화론이었다. 진화론은 제국주의적 팽창의 시대에 백인종이 다른 열등한 인종들을 제거하는 것을 정당화하는 도구로 사용되었다(김호연, 2002).

다. 우생학, 인종차별주의

우생학은 유전적 요소가 후대의 형질에 미치는 영향을 연구하고 특정한 종의 형질 개선을 목적으로 하는 응용 유전학의 한 분야로, 다윈의 사촌이자 영국의 유전학자 프랜시스 골턴(Francis Galton)으로부터 시작되었다. 골턴은 인물의 가계도를 연구하여 지적 능력이 세대를 통해 유전된다는 사실을 알게 되었고, 인류를 유전학적으로 개량할 것을 목적으로 우수한 유전자를 가진 인간의 출산을 장려하고 열등한 유전자를 가진 인간의 출산을 억제하였다.

사회진화론으로 보면, 인류의 역사는 우수한 유전자가 선택되고 열등한 유전자는 제거되는 방향으로 진보되어 왔다. 그렇기 때문에 열등한 유전자의 인위적인 제거는 진보를 앞당길 수 있다. 골턴은 이런 생각을 가지고 우생학의 보급에 힘썼다.

영국은 한때 산업의 발달로 인한 노동력의 부족을 해결하기 위해 영연방의 아시아인들과 아프리카인들의 이민을 장려했었다. 그러나 1950년대 초반에 이르러 경제적인 어려움을 겪게 되었고, 과거 노동력의 부족을 해결해 주었던 영연방의 아시아인들과 아프리카인들이 이제는 일자리와 사회적 복지를 요구하기 시작했다. 정부는 이들의 요구를 묵살할 논리가 필요했을 것이다.

시릴 버트(Cyril Burt)는 지능의 75%는 고정적이고 유전적이어서 학자의 자녀는 학자가 되고, 노숙자의 자녀는 노숙자가 된다고 했다. 영국 정부는 2차 세계대전 후에 교육을 개혁하기 위해 최고위원회를 구성하고 버트를 고문으로 앉혔다. 버트는, 지능이 유전적이라는 사실을 전제로 노동계급의 아이들이 대학에

갈 수 없도록 열등한 학교로 분리시키는 11세 시험을 만들었다 (Rose, 1997).

우생학자들은 능력의 차이는 개인 간에도 있지만 인종이나 국가 간에도 있다고 보았는데, 영국의 심리학자 한스 아이젠크 (Hans Eysenck)는 인종과 지능의 생물학적 차이를 연구했고, 연구한 결과는 아시아계와 흑인의 이민을 반대하는 근거로 사용되었다(최재천 외, 2008). 이 생각은 1920년대 미국 이민 정책에 영향을 끼쳐 동부 유럽과 남부 유럽 출신들의 이민을 제한하는 데 이용되었다(Lisa, 2017)

미국에서의 인종차별은 우생학의 발전과 함께 전개되었는데, 백인종, 특히 앵글로색슨족의 우월성을 합리화하는 것으로 나타났다. 당시 대부분의 백인 미국인들은 흑인들, 미국 내 인디언들, 아시아로부터의 이민자들이 도덕적으로나 지적으로 자신들에 비해 열등한 것으로 인식하고 있었다(김호연, 2002 재인용).

흑인들의 유전적 열등성에 대한 주장은 노동계급 사이에 일반화되어 꽤나 빠르게 퍼져나가게 되었다(최재천 외, 2008). 흑인은 백인보다 평균적으로 지능이 낮고 무능한데다 게으르기 때문에 가난할 수밖에 없고, 그것은 흑인의 생물학적 특성이라고 했다(Rose, 1997). 미국의 저명한 동물학자 루이 아가시(Louis Agassiz)는 흑인들의 뇌는 백인의 자궁 안에 있는 일곱 달 된 태아의 불완전한 뇌와 같고, 흑인 아기의 두개골 봉합선은 백인들의 것보다 일찍 닫히기 때문에 흑인은 많은 것을 배울 수 없다고 했다(Rose, 1997).

1차 세계대전 이후 영국과 미국에서는 인종차별을 반대하는 분위기가 형성되었다. 그러나 독일에서는 오히려 강화되었는데,

독일 우생학자들은 아리안 민족의 우월성을 강조했고 몇몇 우생학자들은 독일 민족이 미래 지향적이고, 강인하며, 인내심이 많고, 철학적이고, 객관적이기 때문에 제일 우수하다고 설파했다. 이런 주장은 나치즘의 골간을 형성하는 데에도 중요한 몫을 담당했는데, 독일 우생학은 나치당이 정권을 잡으면서 가속화되었다.

1932년 프러시아 정부는 우생학 프로그램을 실시해서 열등한 유전자를 가진 사람들을 자발적으로 거세하는 법을 통과시켰는데, 이 법은 그 다음 해에 나치가 정권을 잡은 뒤에는 강제 규정으로 바뀌어 1934년부터 1945년까지 약 30만 명의 허약자들이 거세를 당했으며, 불치병을 앓거나 정신병자, 백치, 정신박약자, 불구 아동을 가치 없는 삶으로 구분한 뒤에, 국가가 이들을 안락사 시킬 수 있다고 정당화했다. 나치 정권은 1940-41년 사이에 약 7만 명의 정신병 환자들을 살해한 것을 시작으로 수백만 명의 유태인과 기타 바람직하지 않은 성향을 지닌 사람들을 제거했다. 히틀러는 정치적 목적으로 사회진화론을 이용했고, 장애인, 유태인 등을 제거되어야 할 파괴적 요소로 간주했다(신연재, 1998, 재인용)

3. 하나의 기원론에 입각한 하나의 해석

진화심리학의 전제는 다윈의 생물진화론이다. 앞에서 언급했던 것처럼 진화심리학은 인간의 신체가 단 하나의 생물 종으로부터 진화된 것처럼, 인간의 마음, 본성도 진화된 것으로 본다. 그렇다면 진화심리학이 전제로 삼고 있는 다윈의 생물진화론은 인류의 기원에 대한 타당성이 높은 기원론인가?

가. 진화론은 하나의 자연주의적 기원 이론

오늘날 생물진화론이 마치 생물의 기원에 대한 법칙처럼 사용되고 있지만, 아직도 생물진화론은 생물의 기원에 대한 '법칙'이 아닌 하나의 자연주의를 전제한 기원 이론에 머물러 있다. 물론 과학에서 '이론'의 단계도 광범위한 비판과 정규 테스트 과정을 거쳐야 하는 높은 수준의 지적 활동이다(hank, 2010). 그렇다하더라도 생물진화론은 생물의 기원에 관한 '하나의 이론'일 뿐이다.

아직도 다윈의 생물진화론을 사실로 받아드리지 않는 사람들이 많다. 그들 중에는 과학자도 있다. 2005년 퓨 재단(Pew Foundation)의 설문조사에 따르면 미국인들의 절반이 다윈의 생물진화론을 생물학 원칙으로 받아들이지 않는다고 한다. 연구자가 활동하고 있는 '한국창조과학회'는 다수의 과학자들이 주축

이 된 모임이다. 이들은 모두 다윈의 생물진화론을 부정한다. 이들이 단지 종교적인 이유만으로 진화론을 부정하는 것은 아니다. 이들이 다윈의 생물진화론을 부정하는 가장 근본적인 이유는 진화론이 '틀렸기' 때문이다.

나. 19세기 영국의 기원론 논쟁

다윈이 『종의 기원(1859)』을 출간했을 당시 영국사회의 지배적인 생물 기원론은 성경에 근거한, 생물은 신에 의해서 각각 종류대로 창조된 것이라는 창조론이었다. 다윈도 대학에서 창조론을 배웠었다. 그러나 다윈의 생물진화론은 창조론과는 완전히 배치되는 기원론이다. 그럼에도 불구하고 생물진화론은 과학적 내용 때문이라기보다는 당시의 진보를 갈망하는 사회적 분위기에 편승하여 비교적 빠르게 확산될 수 있었다.

다윈이 제시한 가장 강력한 진화의 증거는 '생물이 변하는 현상'이었다. 생물이 변하는 현상이 어떻게 진화의 증거가 될 수 있었을까? 다윈이 활동하던 당시의 신학자들은 신이 만든 생물은 완전하여 절대 변하지 않는다는 생각을 가지고 있었다. 19세기 영국은 영국 국교회 중심의 사회였고, 사회의 지도층이 되기 위해서는 반드시 영국 국교회 신자여야만 했다. 당시 영국 사회에서 교회의 법은 곧 사회의 법이었다. 생물의 불변성은 당시 신학자들에 의해 성경적인 생물학으로 간주되었고, 이는 생물의 기원에 대한 지배적인 해석이었다. 그렇지만 생물의 불변성은 경험적으로 증명할 수 없었고, 오히려 생물이 변하는 현상은 과학자가 아니라 해도 쉽게 관찰할 수 있었다.

그렇다면 생물이 변하지 않는다는 사실이 창조론의 근간인 성경에 구체적으로 기록되어 있을까? 생물의 불변성은 성경에 기록되어 있는 내용이 아니다. 생물의 불변성은 당시 신학에 영향을 미치고 있던 플라톤의 생각이었다. 플라톤은 모든 생물은 변하지 않는 본질이 있다고 했고, 플라톤의 본질주의를 신학에 접목한 신학자들이 생물의 불변성을 주장했다. 그것은 천동설처럼, 성경에 명시된 사실이 아니라 당시 신학자들이 가지고 있던 잘못된 해석이었다. 게다가 오늘날 분류학의 대가라고 불리는 스웨덴의 박물학자이자 독실한 기독교인이었던 칼 폰 린네 (Carl von Linne)가 하나님께서 만드신 생물 종은 완전하여 절대 변하지 않는다고 주장하면서 종의 불변성은 성경적 생물학이 되어 버렸다(신연재, 1998).

그러나 생물은 변한다. 그것은 관찰 가능한 과학적 사실이며 본 연구자도 부인하지 않는 경험적 사실이다. 오늘날, 성경에 기록된 내용을 역사적 사실로 믿는 과학자들도 생물이 변화한다는 사실을 인정한다. 앞에서 언급한대로 한국창조과학회에 속한 모든 과학자들은 생물의 진화는 인정하지 않지만 생물의 변화는 사실로 인정한다. 변화와 진화를 분리하여 다르게 보는 것이다.

당시 신학자들의 잘못된 해석에 의해, 다윈의 생물진화론은 일부 지식층들의 저항에도 불구하고 대중들에게 **빠르게** 확산될 수 있었고, 생물진화론이 확산됨에 따라 역으로 성경과 교회의 권위는 추락했다.

다. 성경적 창조론 소개

많은 사람들은 다윈의 생물진화론을 생물이 변하는 현상으로 오해하고 있다. 진화심리학의 토대를 세운 진화심리학자 버스(2005)도 자신의 책에서 진화를 변화로 정의하고 있다. 그들이 내린 진화에 대한 정의를 뒤집어 보면 '변화는 곧 진화'가 된다. 그래서 '생물의 변화'가 그들에게 진화의 증거가 되어 버리는 것이다.

그러나, 다윈은 생물의 변화를 진화로 정의하지 않았다. 다윈이 정의한 진화는 '변화를 수반한 유래(descend with modification)'다(Reter, 2009). 다윈은 변화를 통한 생물 종의 기원에 대해서 이야기를 하고 있는 것이다. 그렇다면 진화론자들이 진화를 경험적으로 제시하기 위해서는 생물이 변화하는 현상만을 제시할 것이 아니라 생물이 다른 단계로 도약하는 현상을 제시해야 한다.

생물이 변화하는 현상을 두고 벌어지는 생각의 차이를 정리하면 다음과 같다.

<생물이 변화하는 현상에 대한 생각의 차이>

구분	생물의 변화	생물의 진화
다윈 시대의 창조론	인정하지 않음	인정하지 않음
다윈의 생물진화론	인정함	인정함
성경적 창조론	인정함	인정하지 않음

다윈 시대의 창조론은 생물의 변화와 생물의 진화 모두를 인정하지 않았지만, 다윈의 생물진화론은 생물의 변화와 생물의 진화 모두를 인정한다. 그런데 오늘날의 성경적 창조론에서는 생물의 변화는 인정하지만 생물의 진화는 인정하지 않는다. 그렇다면 구체적으로 변화와 진화의 차이는 어떻게 나타낼까?

대부분의 진화론자들은 도약의 기준을 현대 생물학에서 주로 사용하는 분류단위인 '종(species)'으로 설정한다. 다윈도 이 단위를 도약의 기준으로 사용하였다.

종에 대한 정의는 학자들에 따라 다양하지만, 일반적으로 종은 서로 교배될 수 있는 생물 집단으로 다른 집단과는 생식적으로 분리되어 있는 집단을 말한다(Juliet, 1996). 그렇다면 변화와 진화의 차이는, 한 개체가 자신이 속한 종의 특성을 기준으로, 기준을 넘어서지 않는 변화는 그냥 변화(변이)가 되고, 기준을 넘어서는 변화는 진화가 되는 것이다. 그렇다면 진화란 변화를 통해 새로운 종이 생겨나는 것이다.

생물진화론자들은 개체가 새로운 종으로 도약하는 과정을 경험적으로 제시하기 위해 노력하는데, 언론을 통해서 새로운 종이 탄생했고, 이는 명백한 진화의 증거라는 기사를 종종 접하기도 한다. 새로운 종의 탄생이 관찰된다면 진화는 증명이 되는 것일까?

그러나 새로운 종이 탄생하는 현상으로도 성경적 기원론을 부정할 수는 없다. 왜냐하면 성경이 현대 생물학에서 사용하는 생물 분류단위와는 다른 단위를 사용하고 있기 때문이다.

성경은 생물이 히브리어로 '민'이라는 단위로 창조된 것이라고 기록되어 있다. '한계를 가지고 있다'는 의미의 '민'은 오늘날

'종류(kind)'라는 단위로 번역되어 있다. 안타깝게도 성경은 생물학 서적이 아니기에, 종류가 구체적으로 어떤 기준을 가지고 생물을 분류한 것인지는 명시되어 있지 않다. 그렇기 때문에, 성경에 기록된 분류 단위와 현대 과학에서 사용하는 분류단위는 직접적으로 비교할 수 없다. 종류라는 단위를 어떻게 해석하느냐에 따라 변화와 진화의 차이는 완전히 달라진다.

성경에서 명백하게 분리되어 있는 것은 식물, 동물, 인간이다. 성경은 세 부류가 각각 종류대로 창조되었다고 한다. 그러나 진화론에서 세 부류는 단 하나의 생물로부터 진화된 것이다. 단순화하면 생물진화론은 단 하나의 생물 종으로부터 인간을 포함한 모든 동식물의 기원을 설명하는 기원론이고, 창조론은 창조된 사람과 몇몇 종류의 동식물부터 현존하는 모든 사람과 동식물의 기원을 설명하는 기원론이다. 이것이 창조론과 진화론의 명백한 차이점이다.

다윈 시대의 창조론은 생물이 변화하는 현상을 부정했기 때문에 생물이 변하는 현상과 생물에서 보여 지는 유사성, 화석으로만 발견되는 생물이 존재했던 이유를 설명하지 못했다. 창조된 생물은 변하지 않는다고 했기 때문에 다윈이 경험적으로 제시한 생물이 변하는 현상만으로도 당시 창조론은 쉽게 부정될 수 있었다. 반면, 다윈의 생물진화론으로는 모든 것을 설명할 수 있었다.

그렇다면 생물진화론만 생물의 다양성과 유사성, 화석으로만 발견되는 생물의 기원을 설명할 수 있을까? 그렇지만은 않다. 생물의 변화를 수용하면 성경의 기록을 그대로 따르면서도 생물의 다양성과 유사성, 화석으로만 발견되는 생물의 존재를 설명할 수 있다. 성경적 창조론이 생물의 변화를 수용하면, 오늘날의 생물은 창조된 이후로 고정되어 있는 것이 아니라 종류대로 다양하게 창조된 이후에 종류 내에서 변화(변이)된 존재이다. 성경에서 사용하는 '종류'라는 단위를 현대 생물학 분류단위인 '과(family)' 수준으로 높이면 이해가 쉬워지는데, 성경에서 사용하는 분류단위인 종류를 현대 생물학에서 사용하는 분류단위인 과의 수준으로 보면, 과 수준 안에서 이루어지는 변화는 그저 변화(변이)이고, 과 수준을 넘어서는 변화를 진화라고 할 수 있다. 이렇게 보면 성경적 창조론으로도 오늘날 관찰할 수 있는 생물의 다양성과 유사성, 화석으로만 발견되는 생물의 존재를 충분히 설명할 수 있다.

영국 애견협회가 인정하는 개의 독자적 품종은 200여 품종이다. 이 200여 품종의 대부분은 최근 몇 백 년 안에 만들어진 새로운 품종이다(정재훈, 길소희, 2016 재인용). 진화론자들은 새로운 품종을 진화의 증거로 본다. 다윈 시대의 창조론은 이 현상을 설명하지 못했다. 하지만, 앞에서처럼 진화의 기준을 '과' 수준으로 수용한다면 이것은 진화가 아니라 종류 안에서의 변화가 된다. 어떤 학자들은 개가 늑대로부터 진화된 것이라고 한다. 이역시 진화의 기준을 '과' 수준으로 수용한다면 그저 생물이 '종류' 안에서 변한 것으로 설명할 수 있다.

종류 안에서의 변화가 누적되면 '과' 수준을 넘어서는 변화가 발생할 수 있지 않을까? '과' 수준을 넘어서는 변화는 아직까지 관찰된 적이 없다. 모든 생물이 하나의 생물로부터 유래된 것이라면 모든 생물은 서로 교배가 가능해야 한다. 그러나 생물들은 생식적 장벽을 가지고 있다. 개과 동물과 고양이과 동물은 자신들의 과 안에서는 교배를 하기도 하고 인공적으로 유전자를 섞을 수도 있지만 개과 동물과 고양이과 동물은 서로 교배하지 않고, 유전자가 섞이지도 않는다. 말과 당나귀를 인위적으로 교배시켜 노새를 얻고, 사자와 호랑이를 교배시켜 라이거를 얻을 수 있다. 그러나 노새와 라이거는 새끼를 낳지 못하는 불임이다. 한계를 가지고 있는 것이다.

연구자는 생식적 장벽이 성경적 창조론을 지지하는 증거로 본다. 하지만 진화론자들은 생식적 장벽을 통해 생물이 다양성을 이루어 왔다고 본다. 동일한 현상이 해석자의 관점에 따라 진화의 증거가 되기고 하고 창조의 증거가 되기도 한다. 결국, 이것은 과학은 문제가 아니라 대상을 어떻게 해석하느냐의 문제로 귀결되는 믿음에 문제이다.

라. 기원과학의 탐구 한계

생물이 변하는 현상은 관찰이 된다. 그러나 진화를 증명하기 위해서는 최초의 단세포 생물이 수중생물, 어류, 양서류, 파충류, 조류, 포유류, 유인원, 그리고 사람으로 도약할 수 있는 새로운 메커니즘이 필요하다. 이들 사이에는 엄청난 간격이 존재하며 이를 뛰어넘는 도약은 아무도 관찰하지 못했다. 결국, 생물진화론과 성경적 창조론의 차이는 생물이 변하는 현상에 대한 해석의 차이에 불과하다. 결국, 두 진영의 싸움은 과학의 싸움이라기보다는 '종류'의 해석을 둘러싼 세계관의 싸움인 것이다.

1980년 10월 16일부터 19일까지 시카고의 자연박물관에서

160명의 세계정상급 진화론자들이 모여 대진화란 주제로 회의를 가졌었다. 현대 생물학에서 종 내에서 일어나는 작은 변이를 소진화(microevolution)라 하고 다른 종으로의 변화를 대진화(macroevolution)라고 하는데, 진화론자들은 이 회의에서 소진화가 일어난다고 해서 대진화가 일어나는 것은 아니라고 결론을 지었다(Marcy, 2009).

생물진화론이 제시하는 생물이 변화하는 현상과 생물의 유사성은 자료를 어떤 관점으로 보느냐에 따라 다르게 해석될 수도 있다. 언론을 통해서 생물진화가 마치 과학적 사실로 증명된 것인 양 소개되지만 여전히 생물의 기원에 대한 하나의 이론에 불과하고, 마치 과학적인 것으로 군림하지만 최초의 진화는 과거에 일시적으로 일어난 일이기에 검증할 수도 없다. 이것은 기원을 탐구하는 과학이 가지고 있는 결정적인 한계이다.

진화심리학이 생물진화론을 전제로 하고 있기에, 생물진화론이 이론 수준에 머물러 있다면 진화심리학도 이론 수준에서 벗어날 수 없다. 고로 진화심리학은 생물진화론을 전제로 한 하나의 이론일 뿐이다.

4. 진화심리학의 인간 본성 해석이 가진 위험성

인간에게 자유의지는 있을까? 종교와 신은 어떻게 생겨난 것일까? 이러한 문제들은 단정하기 매우 어려운 문제이다. 이 문제를 어떻게 정의하느냐에 따라 우리 사회에 미칠 파장은 크다. 그러나 진화심리학에서는 너무나 쉽게 대담한 결론을 내리고 있다. 그들의 생각에 따르면 자유의지, 종교, 신은 인간이 만들어낸 진화의 산물이다.

가. 자유의지

다윈은 인간의 행동을 설명하는데 있어 비물질적인 힘이 필요하다고는 생각하지 않았다. 모든 행동은 선천적인 유전적 성향과 후천적인 학습에 의해 결정되는 것이었다(Wright, 2003 재인용). 진화심리학이 다윈의 생물진화론을 기반으로 삼고 있기에, 진화심리학에서도 인간의 자유의지는 고려되지 않는다. 그러나 경험적으로 우리는 스스로 선택한다. 나는 지금 이 순간에도 어떤 내용을 적을 것인가를 고민하고, 선택한 내용을 적고 있다. 그러나 진화심리학자들은 우리가 두뇌의 작동 과정을 마치 스스로 선택할 수 있는 것처럼 착각하고 있는 것일 뿐이라고 한다. 그렇다면 자유의지란 인간의 환상에 불과하다(신승환, 2010a).

인간에게 자유의지가 없다면, 즉 '내'가 선택한 것이 아니라면 특정한 행위를 비난하는 것, 또는 비난을 받는 것은 합당한가? 다윈은 어떤 누구도 꾸짖을 수 없다고 했다(Wright, 2003). 자동차가 고장이 났다고 해서 자동차를 꾸짖을 수 없는 것처럼, 진화심리학자들의 논리에 따르면 인간의 어떤 행동, 어떤 범죄도 인간에게 책임을 지울 수는 없다.

그렇다면 진화심리학자들은 범죄자를 처벌하지 말라고 하는가? 다윈은 다른 범죄를 억제할 수 있다면, 범죄자를 처벌하는 것이 옳다고 했다(Wright, 2003 재인용). 다르게 표현하면, 다른 범죄의 억제 효과가 없다면 어떠한 행동도 처벌하지 말아야 한다. 그가 그렇게 한 이유는 그가 한 것이 아니라 그렇게 하도록 프로그램 되어 있었기 때문이다.

나. 종교, 신

진화심리학에서 종교를 이해하려는 연구들은 크게 적응주의, 부산물 이론, 그리고 밈 이론이 있다.

종교를 마음의 적응으로 보는 적응주의에서는 종교가 사람의 기분을 좋게 만들고 사후에 대한 두려움을 덜어주며, 다른 이들을 더 기꺼이 돕도록 만들기 때문에 진화된 것이라고 한다(장대익, 2007). 종교가 인간의 생존에 유리하여 종교를 가진 사람이 자연선택된 것이다.

종교를 선택의 부산물로 보는 부산물 이론에서는 종교가 그 자체로는 진화적 기능을 가지고 있지는 않지만, 다른 목적 때문에 진화된 인지체계의 일부가 작동하는 과정에서 생긴 부산물이라고 주장한다(장대익, 2007 재인용). 종교를 가진 사람들은 그렇지 않는 사람들에 비해 이타적이고 협동성이 강하고, 그런 행동은 집단 내에서 유익하게 작용했을 것이다.

밈 이론에서는 종교를 하나의 밈으로 본다. 밈(meme)이란 도킨스가 인간의 문화를 설명하기 위해 사용한 용어로 대물림 가능한 정보의 기본 단위 또는 문화와 관련된 복제의 기본 단위라는 의미를 갖는다(장대익, 2007 재인용). 도킨스는 유전자와 마찬가지로 밈도 유전이 된다고 했는데, 종교도 일종의 밈으로 부모세대에서 자식세대로 전달되는 것이라고 했다. 도킨스에게 종교는 현대과학으로 치료받아야 할, 전염성이 강한 고등미신이다(장대익, 2007).

국가통계포털 2015 인구총조사 자료에 따르면 우리나라 국민들 49,052,389명 중 21,553,674명인 약 44%가 종교를 가지고 있다고 했다. 2004년 5월에 수행된 갤럽(gallup) 조사는 미국인들의 90%가 신을 믿는다고 했다(Hank, 2010 재인용). 물론 종교를 가지고 있다고 응답했거나 신을 믿는다고 응답한 모두가 종교를 최우선으로 여기는 것은 아니겠지만, 누군가에게는 중요한 가치인 종교와 신의 존재가 진화심리학자들에 의해 적응의 부산물로 환원되어버린다. 급기야 어떤 학자들은 신앙생활의 여부와 신앙심의 정도는 뇌에 이미 결정되어 있다고도 한다(Miller, 2008). 그렇다면 종교인들이 가지고 있는 믿음이라는 것은 그들의 자발적인 의지가 아니라 그저 뇌의 작용일 뿐이다. 진화심리학자 스티븐 핑커(Steven Pinker)는 '신은 인간의 발명품'이라고 했다(Pinker, 2016).

다. 도덕, 윤리

도덕의 문제에 있어서 사회생물학과 진화심리학의 일차적 관심은 도덕의 기원과 발달을 진화적 관점에서 설명하는 것이다(류지한, 2009). 진화론은 도덕을 진화의 산물로 본다. 이 사실을 전제로 진화윤리학이라고 불리는 윤리학의 새 분야가 등장하게 되었다. 그들에게 도덕이 존재하는 이유는 도덕이 선조들의 생존과 번식에 도움을 주었기 때문이다.

도덕에 대한 진화론적 설명이 참이라면, 오늘날 다수가 받아들이고 있는 도덕 실재론은 거짓이 되고 만다. 진화윤리학에 따르면, 도덕은 호오감정의 표출에 불과하다. 그렇다면 우리는 어떻게 특정 행위의 가치를 판단할 수 있을까? 도덕이 객관적 토대도 없고, 가치도 가지지 않는다면, 도덕에 대한 정당화는 불가능하다. 단지 인과적 설명만이 주어질 수 있을 뿐이다(류지한, 2009).

윌슨(2014)은 진화론이 사실이라면, 인간을 포함한 그 어떤 종도 자신의 유전적 역사가 부과한 생존과 번식이라는 의무를 초월하는 다른 어떠한 목적도 갖고 있지 않으며 관리자가 내려 보내는 지침 따위를 갖고 있지 않다고 했다. 그렇기 때문에 진화심리학에서의 도덕률은 서구사회가 오랫동안 가지고 있던 성경에서 얻은 도덕률이나 공리주의와는 다르다. 진화심리학에서는 생존에 유리한 것이 '선'이고 불리한 것이 '악'이다. 진화심리학이 우리에게 새로운 세계관을 제시하고 있는 것이다.

1903년 철학자 조지 무어(George Moore)는 진화론으로부터 혹은 관찰된 자연의 어떤 양상으로부터 가치들을 끌어오는 견해에 일격을 가했는데, 그는 이런 시도를 자연주의의 오류라고 불렀다(Wright, 2003). 윌슨은 무어가 말한 자연주의적 오류를 범하고 있다(류지한, 2009). 진화윤리학은 진화론을 전제로 하고, 그 안에서만 타당성을 가질 수 있는 하나의 이론일 뿐이다.

거센 저항이 있었지만, 다윈의 진화론은 당시 지배적인 생물 기원론이었던 창조론과의 경쟁을 거뜬히 이기고, 오늘날 유일한 과학적 기원론으로 자리를 잡았다. 진화론은 생물의 기원에 대한 하나의 기원론이 아니다. 진화론이 생물학적 이론이 아니라는 사실은 진화심리학이 등장하면서 증명되었다. 진화심리학은 진화론의 궁극적인 목적을 드러냈다. 진화심리학이 진화론을 통해서 인간의 윤리를 설명하고 있기 때문이다. 진화심리학이 인간의 윤리를 인간 내부에서부터 진화된 것으로 규명하는 순간, 진화론은 하나의 세계관이 된다.

라. 생물진화론의 특징

진화론은 다음과 같은 특징을 가지고 있다.

1) 무신론적이다.

진화론은 철저하게 무신론적이다. 생존경쟁을 통해서 자연스럽게 이루어지는 진화의 과정에서 신의 역할은 필요가 없다. Wilson(2014)은 "애써 신에게 역할을 부여한다면, 물질을 이루는 최소 단위인 쿼크와 전자껍질의 기원으로서는 탐구될 수 있으나, 종의 기원론으로서는 아니다"라며 신의 역할을 제거하였다. 이렇듯, 진화론은 생물학적 현상을 설명하기 위해 신을 끌어들일 필요를 없게 만드는 무신론적 기원론이다(박승배, 2009).

2) 목적이 없다.

진화의 최종 목적은 없다(박승배, 2009). 마치 단세포 동물에서부터 인간으로 어떤 목적을 가지고 진화된 것처럼 보이지만, 그저 생존과 번식이라는 본성으로 진화된 것일 뿐이다. 그렇기 때문에 목적이라고 불리는 것들은 그저 인간이 부여한 것에 불과하다.

3) 방향이 없다.

진화의 방향은 없다. 그저 생존과 번식이라는 본성으로 나아갈 뿐이다. 그것이 관찰자에 의해 진보로 보이기도 하고 퇴보로 보이기도 한다.

진화론은 하나의 생물 기원론이 아니라 초자연적 현상을 배제한 자연주의적 세계관이다. 진화심리학자 Wright(2003)는 "우리는 새로운 세계관(진화론)을 통해 세속적인 것에서부터 영적인 것에 이르기까지, 우리에게 의미 있는 거의 모든 문제를 다룰 수 있다"고 했다. 사회생물학자 Wilson도 진화론의 핵심은 단지 세계를 설명하는 데 만족하지 않고 그것을 바꾸는 것이라고 했다 (최재천 외, 2008). 결국, 다윈도 진화론을 통해 이 이야기를 하고 싶었던 것이다.

진화심리학은 인간의 본성 탐구를 넘어, 진화론을 하나의 세계관으로 만들고자 하는 진화론의 도구이다.

■나오며■

진화심리학은 21세기에 가장 각광받는 학문으로 자리를 잡았다는 평가를 받고 있고, 진화심리학의 토대를 세운 버스는 200편이 넘는 관련 논문을 발표하여 학계의 주목을 받고 있으며, 다양한 저서들을 통해 일반 대중에게 진화심리학을 활발하게 소개하고 있다. 그의 연구 성과가 학계와 출판·언론계에서 많이 인용되어, 로이터에서 연구 성과가 가장 많이 인용된 연구자로 선정되기도 했다(Buss, 2005). 우리나라에서도 진화심리학에 관련된 서적들이 다수 출간되면서 진화심리학에 대한 관심이 점점 높아지고 있다(전중환, 2010, 재인용).

문제는 진화심리학으로 인간의 행동을 탐구한 결과들이 무비판적으로 수용되고 있다는 것이다. 그 이유는 우리 사회에서 진화심리학의 기반인 생물진화론에 대한 신뢰가 두텁기 때문이다.

진화심리학은 인간의 모든 본능적 행동들을 한 때 인간의 생존에 유리하게 작용했기 때문에 적응된 본능적 행동으로 본다. 그렇기 때문에 폭력, 동성애, 외도, 강간, 심지어 영아살해도 문제행동이 아닌 본능에 의한 정상적인 행동들로 해석한다. 이런 행동들이 진화된 본능에 의한 정상적인 행동들이라면 우리는 이런 행동을 하는 사람들을 비난할 수 없다. 그들의 문제가 아니라 그렇게 하도록 진화된 것이기 때문이다. 진화심리학이 보편적 사실로 받아드려진다면 우리 사회는 어떻게 될까?

진화심리학은 인류가 가지고 있는 전통적인 가치들을 유전자의 관점으로 환원한다. 그들의 관점에 따르면 인간은 유전자를 전달하기 위한 하나의 수단에 불과하고 인간의 삶은 그저 자신이 가진 유전자를 전달하기 위한 노력에 불과하다. 그들에게 자녀, 아버지, 어머니, 아내, 남편, 결혼, 가정, 종교, 감사 등의 가치어들은 그저 유전자를 전달하기 위한 도구나 전략에 불과하다. 유전자의 관점으로 환원된 가치어들은 역으로 우리의 삶을 강제하는 과학적이고 합법적인 도구로 사용되기도 한다. 그들에게 선은 유전자의 전달에 유리한 것이고, 반대로 악은 유전자의 전달에 불리한 것이다. 유전자의 관점으로 설정한 윤리 기준은 전통적인 윤리 기준과 배치되는 부분이 생기고, 사회에 악영향을 끼칠 수 있다. 진화론을 전제한 사회학 이론들은 사회진화론, 사회생물학 등의 이름으로 민족주의, 제국주의, 우생학, 인종차별주의 등을 지지하는 이론적 도구로 사용되었다.

오늘날 생물진화론이 마치 생물의 기원에 대한 법칙처럼 군림하고 있지만, 생물진화론은 생물의 기원에 대한 하나의 자연주의 이론에 불과하다. 그럼에도 불구하고, 오늘날 우리 사회에서 진화론에 대한 신뢰는 매우 두텁고, 유일한 과학적 기원론으로 인정받고 있다. 그러나 생물진화론은 오늘날 많은 연구자들에 의해 부정되어가고 있다.

다윈의 생물진화론은 생물의 기원에 대한 이론을 넘어, 세계관이 되고자 한다. 다윈의 생물진화론을 도덕, 윤리의 영역으로 인도한 학문이 바로 진화심리학이다. 진화심리학으로 본 인간 본성의 방향은 유전자의 생존과 번식이다. 그들의 관점에 따르면 인간은 생존과 번식을 향해 나아가도록 프로그래밍 된 유전자 전달 기계에 불과하다.

윌슨(2005)은 『통섭(2005)』에서 "과학의 세계에서 신빙성의 증가는 '흥미로운'에서 '그럴듯한'으로 '그럴듯한'에서 '설득력 있는'으로, '설득력 있는'에서 '받아들일 수밖에 없는'으로, 그러다가 충분한 시간이 지나면 드디어 '명백한'이라는 수식어로 변화된다."고 했다. 연구물을 통해서 특정 믿음을 강요할 순 없지만, 연구자가 지금 할 수 있는 일은 진화심리학을 수용하게 될 때, 어떤 위험한 결과를 가져올지를 소개하는 일이다.

　나는 진화심리학이 지금 '설득력 있는' 단계에 있다고 판단되고, '받아들일 수밖에 없는' 단계에 이르게 된다면 서서히 강제를 행사하기 시작할 것으로 판단된다. '설득력 있는' 단계에서 우리에게, 진화심리학에서의 인간 본성에 대한 해석과 진화론을 다각도로 면밀히 검토하고, 좀 더 과학적으로 접근하려는 노력이 절실히 필요하다고 본다. 진화심리학에 대한 과학적인 접근이 진화심리학과 진화론이 가진 문제점과 위험성을 발견할 수 있는 최선의 방법이다.

■참고 문헌

- 강정한(2013). 현대 사회 이론의 생물학적 전환. 사회와 이론, 23, 105-134.
- 강준만(2010). 사회진화론 다시 보기. 인물과 사상. 9월호, 66-79.
- 권수현(2007). 사회생물학적 윤리의 한계와 가능성. 철학연구, 101, 23-47.
- 기인주(2011). 성폭력에 대한 진화심리학적 연구. 광주대학교 석사학위논문.
- 김동광 외(2011). 사회생물학 대논쟁. 서울: 이음.
- 김병곤(1996). 사회진화론의 발생과 전개. 역사비평, 32, 305-312.
- 김성한(2006). 강간에 대한 진화심리학의 설명 비판은 타당한가?. 철학, 89, 141-167.
- 김호연(2002). 사회 다윈주의. 강원사학, 17(18), 469-489.
- 류지한(2009). 도덕에 대한 진화론적 설명 전략의 의의와 한계: 윌슨의 통섭을 중심으로. 철학논총, 56, 129-149.
- 류지환(2010). 인간 본성의 진화: 진화심리학의 이해. 윤리연구, 77, 163-189.
- 문상화(2001). 진화론: 19세기 영국의 지배담론의 한 양상. 영국연구, 5, 25-41.
- 박승배(2009). 진화론에 대한 비판과 응수. 철학논총, 57, 169-185.
- 박영철(2005). 19세기 다윈의 진화론 및 그의 영향. 진리논단, 10, 519-544.
- 박영철(2006). 과학주의와 진화론의 한계. 진리논단, 14, 305-323.
- 박창호(2003). 스펜서의 사회진화론과 오리엔탈리즘. 담론201, 6(2), 125-162.
- 신승환(2010a). 진화생물학의 철학적 타당성 연구. 대유럽철학연구,

24, 175-205.

- 신승환(2010b). 진화생물학적 인간 이해의 한계와 존재론적 인간학. 인간연구, 18, 7-40.

- 신연재(1994). 스펜서의 사회진화론과 자유주의. 국제정치논총, 34(1), 201-216.

- 신연재(1998). 진화론의 계보와 그 영향. 사회과학논집, 8(1), 113-144.

- 오 용(2016). 진화심리학으로 본 미디어스토리텔링 캐릭터 연구: 드라마 여왕의 꽃을 중심으로. 중앙대학교 석사학위논문.

- 오현미, 장경섭(2014). 진화심리학과 개인화. 사회와 이론, 24, 43-94.

- 유광영(2015). 진화심리학적 관점에서 본 공무원의 자기인식과 승진 욕구의 성별 차이: 성남시와 가평군 사회복지담당 공무원을 중심으로. 가천대학교 석사학위논문.

- 이선주(2015). 근대 저널에서 본 허버트 스펜서의 사회진화론. 영어 영문학연구, 57(4), 327-351.

- 이용국(2010). 진화론과 이데올로기. 창조론오픈포럼, 4(1), 27-34.

- 이웅상, 임동순(1999). 진화론의 쇠퇴와 새로운 패러다임. 창조과학 논문집, 2, 1-10.

- 이을상(2012). 사회생물학 옹호: 새로운 종합과 지식의 통합. 대동철학, 60, 25-51.

- 이정희(2017). 19세기 프랑스의 다윈주의 수용. 역사학연구, 67, 329-357.

- 장대익(2007). 과학과 종교 논쟁의 최근 동향. 종교문화연구, 9, 23-48.

- 전중환(2010). 진화심리학의 이론적 토대와 쟁점들. 한국심리학회지: 일반, 29(4), 747-766.

- 전중환(2014). 오래된 연장통: 인간 본성의 진짜 얼굴을 만나다.

서울: 사이언스 북스.

- 전중환(2016). 본성이 답이다. 서울: 사이언스 북스.
- 정상모(2007). 진화론적 이타주의의 개념적 난점과 윤리학적 함축. 과학철학, 10(2), 45-74.
- 정재훈, 길소희(2016), 종교가 되어버린 진화라는 상상. 서울: 창조과학미디어.
- 조성두(2017). 진화심리학적 관점에서 본 초기불교 오온론의 연구. 원광대학교 박사학위논문.
- 조현진(2015), 진화심리학의 성적 편향성과 그 정치철학적 함축 비판. 한국여성철학, 24, 113-148.
- 최기영(1999). 사회진화론. 한국사 시민강좌. 25, 23-40.
- 최재천 외(2008). 사회생물학, 인간의 본성을 말하다. 부산: 산지니.
- 추정완(2012). 윤리학적 비판을 통한 사회생물학의 도덕교육적 문제. 윤리교육연구, 28, 133-150.
- 하전아규(2009). 다윈진화론: 종의 기원과 진화의 메커니즘, 서울: 아이뉴턴.
- 허정윤(2014). 자연발생론과 다윈의 진화론에 대한 비판. 창조론오픈포럼, 8(1), 116-134.
- Buss D. (2005). 마음의 기원: 진화심리학. 김교헌, 권선중, 이홍표 역, 서울: 나노미디어.
- Callinicos A. (2009). 다윈과 진화론. 마르크스21, 4, 201-206.
- Dawkins R. (2006). 이기적 유전자. 홍영남 역, 서울: 을유문화사.
- Hank D. (2010). 양복을 입은 원시인: 진화심리학으로 바라본 인간의 비이성과 원시논리. 김소희 역, 서울: 시와 사람.
- Juliet C. (1996). 포유동물의 가축화 역사. 김준민 역, 서울: 민음사.
- Lipton B. (2014). 당신의 주인은 DNA가 아니다. 이창희 역, 서울: 두레.
- Lisa C. (2017). 누구나 심리학. 이아린 역, 서울: 지브레인.

• Marcy S. (2009). 맑스, 다윈 그리고 생물학의 대격변. 나승연 역, 정세와 노동, 47, 70-91.

• Miller A. (2008). 처음 읽는 진화심리학. 박완신 역, 서울: 웅진지식하우스.

• Milton R. (2009). 다윈도 모르는 진화론. 이재영 역, 서울: AK.

• Pearcey N. (2007). 완전한 진리. 홍성룡 역, 서울: 복 있는 사람.

• Pearcey N. (2017). 완전한 확신. 오현미 역, 서울: 복 있는 사람.

• Peter R. (2009). 유전자만이 아니다. 김준홍 역, 서울: 이음.

• Pinker S. (2016). 마음은 어떻게 작동하는가. 김한영 역, 파주: 동녘사이언스.

• Singer S. (2012). 사회생물학과 윤리. 김성한 역, 고양: 연암서가.

• Steven R. et al. (1997). 우리 유전자 안에 없다. 이상원 역, 서울: 한울.

• Wilson E. (2005). 통섭: 지식의 대통합. 김한영 역, 서울: 사이언스북스.

• Wilson E. (2014). 인간 본성에 대하여. 이한음 역, 서울: 사이언스북스.

• Wright R. (2003). 도덕적 동물. 박영준 역, 서울: 사이언스 북스.